리스보아 안티가

– 오늘, 옛 리스본을 만나다

= **일러두기**

1. 포르투갈어(유럽식)는 국립국어원의 외래어 표기법을 따랐습니다.

2. 본문에 나오는 인물을 비롯해 고유명사는 국적에 따라 원어를 밝혀 적었습니다.

3. 국내에 발표된 작품은 번역된 그대로 인용하였고, 국내에 출간되지 않은 작품은 직접 번역하여
   실었습니다.

4. 커먼즈에서 인용한 사진 이미지의 출처는 참고문헌 뒤에 표기하였습니다.

유럽의 도시 기행 ❷

리스보아 안티가

- 오늘, 옛 리스본을 만나다

글*사진 소노스(SONOS)

레겐보겐북스

추천하는 글

독자 여러분,

소노스 작가님의 저서 《리스보아 안티가》는 포르투갈 문화에 대한 상세하고 깊이 있는 이해라는 측면에서 매우 특별한 작품입니다. 독자들은 이 책과 함께 리스본으로의 멋진 여행을 즐길 수 있을 것입니다. 이런 책이 한국어로 출간된 것을 매우 기쁘게 생각합니다. 더 많은 한국 사람들이 포르투갈 문화에 더 쉽게 접근할 수 있을 것이기 때문입니다. 이 책이 양국의 문화와 예술을 잇는 가교 역할을 할 수 있으리라 믿으며, 앞으로 리스본을 여행할 분들에게도 이 책을 추천하고 싶습니다. 리스본을 방문할 한국인 여행객들에게 훌륭한 여행 가이드가 될 것입니다.

감사합니다.

- 수자나 바즈 파투(주한 포르투갈대사)

Dear Readers,

"Lisboa Antiga" written by SONOS is a very special piece of work in terms of detailed and in-deaths understanding on Portuguese culture. The readers can enjoy a wonderful journey to Lisbon with the book. I am very happy that we have this book written in Korean so that more Korean people can get access to Portuguese culture more easily. I believe this book can be a bridge of cultural and artistic ties between the two countries. I would like to recommend for future-Lisbon-travelers to read the book because it will be a great tour guide for them.

Thank you.

- Susana Vaz Patto
Ambassador of Portugal to S. Korea

신비한 매력으로 오래오래 존재하는 거룩함의 향기!
리스본의 대성당들 안에 스며있는 수많은 사람들의 기도 소리가
시공을 초월해서 이리 먼 곳까지도 들리는 듯합니다.
수백 년이 지났어도 새롭게 다가오는 포르투갈의 성당, 광장, 공원 자체가
아름다운 보물이고 세계적 유산임을 다시 공부하게 해 준,
이 책의 저자에게 고마움을 전하며 두손 모읍니다.
순례객들과 더불어 기도하는 경건함으로!
영원의 한 끝을 만져보는 순수한 그리움으로!

- 이해인(수녀.시인)

몇 년 전에 리스본을 방문한 적이 있습니다. 아름다운 도시로 기억합니다.
특별히 기억에 남는 것은 성인 안토니우 생가에 세운 기념 성당입니다. 마
당에 성인의 동상이 있었는데 손에 든 책에 동전을 던져서, 떨어지지 않으면
안토니우 성인이 소원을 들어주고 그곳에 다시 방문한다고 합니다. 여러 명이
도전을 했는데 저만 한 번에 성공했답니다. 더구나 뒤돌아서 머리 위로 던졌
는데 말이에요. 사람들이 모두 박수치고 좋아라 하면서, 신부님 덕분에 다시
한 번 리스본에 왔으면 좋겠다고 하였답니다. 리스본의 소중한 추억과 기억
들을 되새겨 봅니다. 기회가 되면 다시 방문하여 머물고픈 도시 중 하나입니
다. 소중한 이들과 함께 했던 인생의 한 페이지를 마음속 깊이 간직합니다.
이 책에는 방대한 자료들과 도시를 방문한 저자의 소회 등이 어우러져서
리스본을 소개하는 좋은 길잡이가 되리라 생각합니다. 또 리스본을 다녀온
분들에게도 소소한 회상과 기억의 장이 되었으면 좋겠습니다.

- 남원 쌍교동 성당 이상용(야고보)신부

CONTENTS

PART 3 리스본에서 만난 문학과 예술

EPILOGUE

리스본, 오래된 도시
매력과 아름다움이 가득한!
항상 미소가 아름다워요
옷차림도 늘 우아해요
그리움의 하얀 베일로
얼굴을 가린 아름다운 공주님!

보세요, 여러분
다른 시대의 리스본을
5 헤이스 동전, 이스페라스와 왕실 투우,
축제와 전통 행렬,
이제는 사라져 더이상 돌아오지 않는
활기찬 아침의 외침들

리스본, 오래된 도시
매력과 아름다움이 가득한 도시

 - <리스보아 안티가Lisboa Antiga>, 아말리아 호드리게스

PROLOGUE

리스본은 옛 도시의 흔적이 많이 남아있는 곳이다. 우리가 처음 만난 리스본에는 포르투갈 역사의 향기가 곳곳에 배어 있었다. 거리에서 문득 역사적인 인물의 조각상을 만났고 잠시 들렀던 성당과 정원은 유서 깊은 장소였다. 그래서 우리는 리스본과 친해지기 위해 거리와 골목을 걷고 또 걸었다. 페르난두 페소아는 오랫동안 떠나있던 리스본으로 돌아오면서 "오늘, 어제의 리스본"이라고 했다. 우리도 도시의 풍경 속에서 사라진 것과 남아있는 것 사이를 오가며 리스본의 어제와 오늘을 마주할 수 있었다.

포르투갈은 이베리아 반도에서 기독교 국가의 복구를 위해 일어났던 국토회복운동, 일명 헤콩키스타Reconquista의 과정에서 건국되었다. 15세기 '대항해의 시대'의 문을 활짝 연 포르투갈은 엄청난 부로 전성기를 맞았다. 하지만 그 황금빛이 드리운 그늘에는 식민지와 노예제도라는 억압과 착취의 역사도 함께 했다. 1755년에 리스본을 강타한 대지진은 해일과 화재까지 겹치며 도시를 처참하게 무너뜨렸다. 하지만 폐허 속에서 시작된 도시재건으로 리스본은 근대적 도시로 거듭났고 이때 건설된 폼발리나 양식의 건축물들은 오늘날까지도 리스본 풍경 속에 그대로 남아있다. 20세기에는 오랜 왕정이 무너지고 포르투갈 공화국이 수립되면서 혼란을 겪었고, 이후에는 살라자르 독재정권이 이어졌지만 1974년 4월 25일에 일어난 '카네이션 혁명'으로 자유와 민주주의를 되찾았다. 리스본 도시 곳곳에는 이런 역사의 흔적들이 고스란히 남아 있다.

　우리는 리스본을 여행하는 동안 포르투갈의 문학 작품을 길잡이로 삼았다. 포르투갈의 대표적인 시인 페르난두 페소아와 노벨문학상을 수상한 주제 사라마구가 바로 그들이다. 포르투갈 모더니즘 문학의 포문을 활짝 열었던 페소아는 19세기 말에서 20세기 초 혼란스러운 사회 현실을 '불안'이라는 이름으로 시와 산문에 담았다. 사라마구는 소설 작품을 통해 여러 시대를 넘나들며, 놀라운 상상력으로 포르투갈의 역사를 비틀고 재구성하였다. 이 외에도 19세기와 20세기를 관통했던 여러 포르투갈 작가와 작품들도 알게 되었다. 여기에는 이미 번역된 작품도 있지만 아직 국내에 소개되지 않은 낯선 작품도 있다. 안테루 드 켄탈, 에사 드 케이로스, 소피아 안드레센, 안토니우 게데앙 등 그들의 시와 산문들은 리스본이 간직한 어제와 오늘을 생생하게 들려주었다. 또한 리스본을 사랑한 작가, 리스본을 배경으로 한 작품들도 동행자가 되어 주었다.

　문학과 함께 한 리스본 여행은 풍요롭고 충만한 시간을 선사해 주었다. 그래서 우리는 여행 후 작은 소망을 하나 가지게 되었다. 그동안 스페인 문학에 가려져 낯설었던 포르투갈 문학이 앞으로는 국내에 많이 소개되어 독자들을 만나는 기회가 늘어났으면 하는 바람이다. 포르투갈 문화를 이해하고 활발히 교류하게 된다면 더할 나위 없을 것이다.

뜨거운 여름이 물러가고 가을이 시작되자 리스본의 9월은 아줄레주 빛 파란 하늘과 테주 강에서 불어오는 바람으로 가득했다. 그 자연의 축복 속에서 문학과 예술의 도시, 리스본을 마음껏 향유했던 시간들을 독자들도 함께 누리기를 소망해 본다. 이제 '리스본의 어제와 오늘'이 가득한 도시 풍경 속으로 함께 걸어 들어가 보자.

올라, 리스보아! Olá, Lisboa!

PART 1 리스본에서 만난 광장과 조각상

포르투갈. 그 단어가 마음을 환히 비춘다. 그는
포르투갈 사람이다. 피터가 두 살 때 가족이 모두
캐나다로 이민했다. 그와 클레라는 리스본을 한
차례 방문했다. 타일로 장식한 집들, 화려한 정원,
언덕, 쇠락한 유럽의 매력 넘치는 거리들이 그는
마음에 들었다. 부드러운 빛과 노스탤지어와 가벼
운 권태가 뒤섞여 도시는 늦여름의 저녁나절 같은
분위기를 풍겼다.

- 얀 마텔, 《포르투갈의 높은 산》

1. 호시우 광장 - 페드루 4세 동상

    리스본 시내를 걷다보면 광장이나 거리에서 우연히 마주치게 되는 동상을 볼 수 있다. 언제부터인가 우리는 광장의 역사와 동상의 주인공에 호기심이 생겼고 그냥 지나치지 않게 되었다. 그렇게 만난 거리와 광장의 조각상을 통해 리스본의 역사와 문화에 대해 더 많은 것을 배울 수 있었다.

    제일 먼저 찾아간 곳은 리스본의 중심지인 바이샤^{Baixa} 지역이었다. 이곳은 리스본 대지진이 휩쓸고 간 후 근대적인 도시로 새롭게 재건되었다. 그중에서도 호시우 광장^{Praça do Rossio}은 예전부터 바이샤 지구의 중심 광장으로 시민들의 사랑을 받아온 곳이다. 광장에 들어서면 바닥 전체를 수놓은 독특한 무늬가 가장 먼저 눈길을 끄는데, 바로 포르투갈의 전형적인 바닥 모자이크 '칼사다 포르투게사^{Calçada Portuguesa}'이다. 이곳은 포르투갈에서 칼사다 포르투게사가 최초로 조성되었던 곳으로, 리스본 칼사다의 기원은 19세기 중반으로 거슬러 올라간다. 당시 상 조르즈 성의 총독이 수감되어 있던 죄수들을 고용해 거리를 포장한 것에서 시작되었다. 물론 오늘날 호시우 광장의 칼사다는 2003년에 새롭게 보수된 것이다.

호시우 광장의 페드루 4세 동상

광장의 칼사다 포르투게사

광장 중앙에는 높은 기둥 위로 한 인물이 서 있었다. 머리에 월계관을 쓰고 오른손에 <헌법 헌장>을 들고 있는 이는 이 광장의 주인공인 페드루 4세이다. 리스본 시민들은 여전히 이곳을 호시우 광장이라고 부르지만 공식 명칭은 동 페드루 4세 광장^{Praça de D. Pedro IV}이다.

페드루 4세^{Pedro IV}는 포르투갈의 왕이자 브라질 제국의 초대 황제라는 독특한 이력을 가지고 있다. 19세기 초 유럽을 제패한 나폴레옹이 포르투갈을 침공하자 왕가는 식민지인 브라질로 피신하였고 나폴레옹이 쇠락한 후에야 다시 돌아왔다. 이때 왕자였던 페드루는 브라질에 남아 독립을 선언하고 브라질 제국을 세워 스스로 황제 페드루 1세가 되었다.

그후 아버지인 주앙 6세가 사망하게 되면서 포르투갈의 왕위 계승에 문제가 생겼다. 그러자 페드루 1세는 자신의 어린 딸을 왕위에 앉히기 위해 동생 미겔과 결혼시켜 섭정하도록 하였다. 하지만 믿었던 미겔이 왕이 되려고 쿠데타를 일으키는 바람에, 페드루는 브라질 제국을 자신의 아들에게 양위한 후 포르투갈로 진격해 들어왔다. 결국 그는 동생 미겔을 쫓아내고 포르투갈의 왕 페드루 4세가 된다. 하지만 왕위에 오른 지 얼마 안 되어 결핵으로 세상을 떠나게 되었으니 포르투갈 국왕으로 재임한 기간은 겨우 4~5개월 정도밖에 되지 않는다.

오랜 역사를 가진 호시우 광장은 역사적으로 많은 사연을 품고 있다. 예전에 이곳은 리스본 성의 바깥 지역이었는데 13세기에서 14세기에 걸쳐 인구가 늘어나면서 도시의 중요한 장소가 되었다. 호시우^{Rossio}는 포르투갈어로 '빈터', '공유지'라는 뜻인데, 그래서인지 당시 이 광장은 민중들의 기념행사나 투우 장소로 이용되었고 반란의 장소가 되기도 했다.

그러다가 광장 북쪽에 종교재판소가 세워진 이후에는 공개 처형의 장소로 사용되기도 했다.

주제 사라마구의 장편소설 《수도원의 비망록Memorial do Convento》에는 호시우 광장이 주요 장소로 등장한다. 소설의 시대적 배경은 18세기 초반으로, 1755년 리스본 대지진 이전의 모습과 종교재판의 어두운 역사에 대해 짐작할 수 있다.

> 리스본에서는 거의 2년 동안이나 아무도 화형에 처한 적이 없었기 때문에 호시우는 구경꾼들로 가득 차 있었다. 이날은 두 배로 기념할 만한 날이었다. 성스러운 일요일이며 종교 재판소의 화형식 날이기 때문이다. … 드디어 행렬이 시작되었다. 행렬의 선두에는 도미니크회 소속의 수사들이 도밍구스의 깃발을 들고 입장했으며, 그 뒤를 따라서 종교재판소의 심문관들이 길게 줄을 지어서 입장했다. 그리고 마지막으로 앞서 말한 바와 같이 104명의 죄인들이 모두 손에 촛불을 든 채 모습을 드러냈다. … 행렬은 마치 거대한 뱀처럼 보였는데, 똑바로 행진하기에 호시우 거리가 너무나 비좁았기 때문에 어쩔 수 없이, 교훈이 될 만한 이 구경거리를 도시 전체에 보여주기 위해서 모든 장소마다 돌아다니기로 작정이라도 한 듯, 온 사방을 구불구불 돌아가야만 했던 것이다.
>
> - 주제 사라마구, 《수도원의 비망록》

광장 북쪽에는 마리아 2세 국립극장Teatro Nacional D. Maria II이 보였다. 마리아 2세는 호시우 광장의 주인공인 페드루 4세의 딸이자 뒤를 이어 포르투갈의 왕위에 오른 여왕이다. 원래 이 극장은 옛 종교재판소 자리였다. 그런데 1836년에 화재가 일어나 건물이 무너지자 극작가인 알메이다 가헤트의 노력으로 마리아 2세 여왕을 기리는 극장이 되었다.[1] 리스본의 상류층들이 극장에 드나들기 시작하자 종교재판소라는 악명 높은 이미지에서 점차 벗어나게 되었다. 이곳은 오늘날에도 여전히 포르투갈을 대표하는 극장이다.

옛 종교재판소에 들어선 마리아 2세 국립극장

　잠시 극장의 정문 위 페디먼트의 조각상과 기둥을 바라보았다. 페디먼트 가운데에는 16세기 포르투갈 르네상스 극작가인 질 비센트 Gil Vicente 의 조각상이 서 있었다. '포르투갈 연극의 아버지'로 불리는 질 비센트는 풍자작품을 주로 썼다고 하는데 그래서일까, 그의 희곡 작품 중 일부는 종교재판소에 의해 비난을 받으며 고초를 겪었다. 그런데 이후에 종교

1　마리아 2세 국립극장은 1846년에 개관하였고, 1910년에서 1939년 사이에는 '알메이다 가헤트 극장(Teatro Nacional de Almeida Garrett)'으로도 불렸다.

재판소가 극장으로 바뀌자 이번에는 건물에 그를 추앙하는 동상이 세워졌다. 시대적인 아이러니가 아닐 수 없다.

　호시우 광장은 과거 리스본 역사의 소용돌이 속에 있었지만 오늘날에는 리스본 시민들의 중요한 삶의 공간이 되었다. 마리아 2세 국립극장 옆에 있는 호시우 역Estação Ferroviária do Rossio도 한동안 리스본 중앙역이라 불리며 리스본 철도의 중추적인 역할을 했던 곳이다. 지금은 근교의 신트라Sintra로 가는 기차만 운행되고 있다. 호시우 역을 올려다보니 가운데 뾰족탑에 걸린 시계와 건물 꼭대기에 있는 장식이 눈에 띄었다. '네오 마누엘리누Neo-Manuelino' 양식[2]으로 지어진 역은 파리의 생 라자르 역Gare Saint-Lazare을 모델로 하였다. 모네를 비롯해 인상파 화가들이 많이 그렸던 유명한 기차역이다.

　시인 페르난두 페소아는 1925년에 만든 리스본 가이드[3]에서 호시우 광장과 호시우 역 일대를 소개하고 있다. 지금의 모습이 100여 년 전 그때와 다르지 않다는 게 놀라울 따름이다. 호시우 광장과 기차역을 둘러보며 잠시 옛 리스본을 상상해 보았다.

2　'네오 마누엘리누' 양식은 19세기 중반에서 20세기 초반까지 유행했던 전형적인 낭만주의 건축양식이다. 포르투갈 후기 고딕 양식인 '마누엘리누'의 복고주의 양식이다.

3　페르난두 페소아, 《Lisbon - What the Tourist Should See》, 1925

호시우 역의 모습

이제 우리는 흔히 호시우라고 부르는 동 페드루 4세 광장으로 향한다. 널찍한 직사각형 광장은 북쪽을 제외한 삼면이 모두 폼발리나 양식의 건물로 둘러싸여 있다. 리스본의 명실상부한 중심지로 대중교통 수단은 거의 모두 이곳을 지나간다. ··· 동상의 남쪽과 북쪽에는 각각 화단으로 둘러싸인 청동제 분수가 있다. 호시우는 인파와 차량으로 늘 북적거린다. 여러 전차와 노선이 광장을 지나 갈 뿐만 아니라 상점이며 호텔과 카페가 즐비하고, 포르투갈 철도 회사 소속의 리스본 중앙역에서 아주 가깝기 때문이다. 리스본 중앙역은 극장의 서쪽을 마주 보고 서 있다. 역사 전면부는 자잘하고 복잡한 장식으로 꾸며진 '마누엘리노' 양식으로 말굽 모양의 화려한 유리문을 선보인다.

- 페르난두 페소아, 《페소아의 리스본》

2. 피게이라 광장 - 주앙 1세 기마상

바이샤 지역에는 '무화과나무'라는 뜻을 가진 피게이라 광장^{Praça da} Figueira이 있다. 바이샤 지역은 리스본 대지진 때 피해가 가장 컸던 곳인데, 이 광장 역시 당시 유명한 병원이었던 '모든 성인들의 왕립 병원^{Hospital Real} de Todos-os-Santos'이 무너진 터 위에 조성되었다. 피게이라 광장에 들어서면 제일 먼저 기마상이 눈에 들어온다. 말을 탄 주인공은 주앙 1세로 포르투 갈의 열 번째 왕이자, 두 번째 왕조인 아비스 왕조를 연 왕이다.

주앙 1세^{João I}는 원래 왕실의 서자였다. 왕이 될 운명이 아니었기 때문 에 어려서부터 군인으로 길러져 아비스^{Aviz} 기사단의 단주가 되었다. 그 런데 포르투갈의 첫 번째 왕조인 보르고냐 왕조^{Casa de Borgonha}의 마지막 왕 이 후계자가 없는 채로 사망하자 왕위 계승문제로 내분이 생겼고, 주앙 은 차기 왕으로 지지를 받게 되었다. 그러자 주앙은 자신의 군대를 이끌 고 왕실을 장악하기에 이르렀다. 이때 위기감을 느낀 귀족세력들은 당 시 적국이었던 스페인 카스티요 왕국에 도움을 요청하게 되는데, 그렇 지 않아도 호시탐탐 포르투갈을 노리고 있던 스페인은 바로 포르투갈로 쳐들어왔다.

피게이라 광장에 있는 주앙 1세 기마상

이때 고작 24살 나이였던 누누 알바르스 페레이라Nuno Álvares Pereira는 알렌테주에서 스페인 군대를 상대로 큰 승리를 거두었다. 동시에 주앙도 리스본 성에서 끝까지 혈투를 벌이며 버틴 끝에 스페인 군대를 물리쳤다. 결국 포르투갈 백성들은 주앙을 왕으로 추대했고 주앙의 오른팔이자 법률가였던 주앙 다스 헤그라스João das Regras가 주축이 되어 열린 코임브라 궁정 회의에서 왕위에 올랐다. 주앙 1세는 자신이 이끌던 기사단의 이름을 따서 새로운 왕조를 '아비스 왕조Dinastia de Avis'라고 명명했다. 이렇게 포르투갈 왕국의 두 번째 왕조가 열리게 된 것이다.

주앙 1세는 영국과의 혼인 동맹으로 랭커스터의 필리파Philippa of Lancaster와 결혼하여 세상을 놀라게 했다. 이들 부부가 낳은 자녀들도 모두 포르투갈의 발전에 기여했는데, 특히 셋째 아들이 바로 해양왕으로서 대항해 시대를 활짝 열어젖힌 엔히크 왕자$^{Infante\ Dom\ Henrique}$이다. 벨렝 지역에 있는 발견기념비로 가면 그가 선두에 우뚝 서 있는 걸 볼 수 있다.

피게이라 광장에 들어서서 기마상을 올려다보았다. 주앙 1세 기마상에는 기단 양쪽으로 누누 알바르스 페레이라 장군과 주앙 다스 헤그라스의 얼굴이 부조로 조각되어 있었다. 애초에 왕이 될 수 없었던 주앙은 역경을 뚫고 새 왕조를 세웠고 포르투갈의 대전환기를 이루었다. 주앙 1세의 동상이 리스본의 주요 광장 중 하나인 피게이라 광장에 당당히 서 있는 이유를 알 것 같았다.

피게이라 광장은 폼발 후작의 도시계획으로 만들어졌다. 특히 도시의 중앙시장을 조성하기 위해 왕실에서 부지를 제공했다. 처음에는 노천시장으로 시작했는데, 작은 가판대를 세우고 무화과나무^{Figueira} 아래 우물을 팠다. 오늘날 광장의 이름은 여기에서 유래되었다. 1885년에 이르러서는 4개의 돔과 3개의 본 건물로 이루어진 상설시장으로 개장되어 오랫동안 리스본의 명소가 되었다. 그러나 아쉽게도 1949년 시장 건물이 철거되면서 역사의 한 자락으로 사라졌다.

다행히 주제 사라마구의 장편소설에는 예전 시장의 모습을 알 수 있는 부분이 있다. 소설 속에 나오는 옛 피게이라 광장의 시장 모습은 1936년으로, 당시에는 광장에 상설시장이 열리던 때였다. 시장의 분위기를 매우 자세하게 묘사한 소설 속 장면은 옛 시장의 모습을 상상해 보기에 충분했다.

코헤에이루스 거리로 이어진 문을 나서면 쇠와 유리로 만들어진 바빌론, 피게이라 광장이 나온다. 아직도 시장에 사람들이 분주히 오가고 있지만, 오전에 비하면 차분한 편이다. 오전에 상인들이 시끄럽게 외쳐대는 소리가 점점 커지기만 한다. 한번 숨을 들이쉬면 자극적인 냄새들이 수없이 안으로 들어온다. 발에 짓밟혀 시들어 가는 케일 냄새, 토끼 배설물 냄새, 끓는 물에 데친 닭의 깃털 냄새, 피 냄새, 벗겨낸 짐승 가죽 냄새. 사람들이 작업대와 골목길을 양동이, 호스, 억센 빗자루로 청소하고 있다. 가끔 긁히는 소리가 나는데, 그러고는 곧이어 셔터가 쾅하고 내려오는 소리가 들린다. 히카르두 헤이스는 남쪽에서부터 광장을 빙 둘러 도라도르스 거리로 들어갔다.

- 주제 사라마구,《히카르두 헤이스가 죽은 해》

피게이라 광장의 옛 시장 모습 ⓒ

그런데 한동안 텅 빈 고요함만이 감돌았던 광장으로 상인들이 돌아왔다. 우선 광장의 동쪽 건물에는 2013년부터 '피게이라 시장Mercado da Figueira'이 새롭게 단장하여 상설시장으로 문을 열었다. 옛 정취와 건강한 식재료를 선보이는 피게이라 시장은 어느덧 중앙시장으로 자리잡았다. 그리고 광장에서도 한시적이지만 지속적으로 장이 열리고 있다. 역사적인 '바이샤 시장Mercado da Baixa'이 축제처럼 열리고 '피게이라 마르카-트Figueira Marca-te'라고 불리는 시장도 매달 한 번씩 리스본 시민들을 만나고 있다. 포르투갈 전통 빵에서부터 와인과 치즈, 초콜릿, 소시지 등 지역의 장인들이 손수 만든 먹을거리를 맛볼 수 있다. 상인들의 시끄러운 소리, 장을 보러 온 사람들의 분주함, 그 왁자지껄한 흥겨움이 광장에 다시 돌아온 것이다.

주위에는 도시개발로 공사가 한창이었지만 주앙 1세는 아랑곳하지 않고 늠름하게 서 있었다. 리스본 대지진으로 무너진 터에 다시 만들어진 피게이라 광장, 그리고 돌아온 시장의 활기로 가득찬 피게이라 광장은 옛 리스본과 오늘의 리스본이 함께 어우러져 있었다.

3. 카몽이스 광장 - 카몽이스 동상

그는 시인의 조각상 앞을 지나 광장을 가로질렀다. 포르투갈에서
모든 길은 카몽이스로 통한다. 모든 사람의 눈에 저마다 다르게 보
이는 카몽이스. 살았을 때 그의 무기는 전투를 위해 준비되어 있었
고 그의 마음은 뮤즈들에게 고정되어 있었다. 이제 그의 검은 검집
에 들어가 있고, 그의 책은 닫혔고, 그의 눈은 양쪽 모두 행인들의
무심한 시선과 비둘기 때문에 상처 입어 멀어 버렸다.

- 주제 사라마구, 《히카르두 헤이스가 죽은 해》

리스본을 여행하는 사람이라면 누구나 시아두 지역의 카몽이스 광장
Praça de Luís de Camões을 기억할 것이다. 한 바퀴를 도는데도 얼마 걸리지 않
는 작은 곳이지만 리스본의 기념비적인 광장이다. 이름에서도 알 수 있
듯이 포르투갈의 대표적인 시인 카몽이스Luís Vaz de Camões를 기념하기 위해
광장을 조성하고 동상을 세웠다.

19세기 중엽에 포르투갈은 과거 '대항해 시대'의 영광을 한 번 더 꿈꾸
며 약해진 국력과 자긍심을 고취시키고자 했다. 당연히 대항해 시대를
노래한 대서사시 《우스 루지아다스》를 지은 카몽이스의 동상이 제격이

었을 것이다. 그래서 당시 포르투갈에서는 작가에게 헌정되는 최초의 동상이 되었다. 1867년에 제작된 동상은 아우구스타 아치의 조각상을 담당했던 빅토르 바스투스Victor Bastos가 맡았다. 카몽이스 동상은 7미터가 조금 넘는 기단 위에 4미터의 크기로 완성되었는데, 50세 정도의 카몽이스를 묘사한 것이다. 기단에는 대항해 시대 때 포르투갈 고전문학과 문화에 큰 영향을 끼친 8명의 인물들이 조각되어 있다.[4]

《우스 루지아다스》를 들고 있는 카몽이스 동상

카몽이스는 후대의 영광스러운 찬사와는 달리 파란만장한 삶을 살았던 시인이다. 젊은 시절 카몽이스는 모로코 전투에 참전해 한쪽 눈을

---

4 기단에 있는 8명의 인물은 모두 대항해 시대의 역사가, 연대기 작가, 수학자겸 천문학자, 서사시 시인들이다. 이들 중 천문학자 페드루 누느스(Pedro Nunes), 연대기작가 고메스 이아느스 드 주라라(Gomes Eanes de Zurara), 주앙 드 바후스(João de Barros)는 카몽이스와 함께 벨렝 지역에 있는 발견기념비에도 조각되어 있다.

잃었다.[5] 그래서 월계관과 함께 한쪽 눈을 잃은 모습은 그의 트레이드마크가 되었다. 나중에 궁정 하급 관리와의 싸움으로 감옥에 갇히기까지 했는데 주앙 3세João III 덕분에 사면되었다. 1553년에 인도로 건너간 후 16년 동안 인도를 비롯해 남중국과 동남아시아까지 항해하다가 천신만고 끝에 리스본으로 귀향하였다. 이 시기에 쓴 것이 바로《우스 루지아다스Os Lusíadas》로 카몽이스 자신이 어렵게 출판하였다. 당시 세바스티앙Sebastian 왕에게 헌정되어 그에게 약간의 연금이 주어졌지만, 그리 넉넉하지는 않아서 곤궁한 삶을 벗어나지 못한 채 세상을 떠났다. 실제로 그의 출생과 사망은 정확히 기록되어 있지 않다. 대략 1524년경에 태어난 것으로 기록되어 있고 연금이 중지된 1580년 6월 10일이 그의 사망일이 되었다. 이날은 '포르투갈의 날O Dia de Portugal'로 국가기념일이다. 그리고 카몽이스의 묘는 제로니무스 수도원의 산타 마리아 드 벨렝 성당 안에 바스쿠 다 가마의 석관과 함께 나란히 안치되어 있다.

카몽이스 동상은 펜을 든 여느 작가와 다르게 칼을 들고 있어 군인으로 오해하기 쉽지만 그가 시인이라는 건 왼손에 있는《우스 루지아다스》로 알 수 있다. 16세기 포르투갈은 눈부신 도약을 하고 있던 시기였다. 1498년 바스쿠 다 가마Vasco da Gama는 아프리카의 희망봉을 돌아 인도항로를 개척했다. 당시 오스만 제국에 가로막혀 인도와의 교역이 어렵던 시기에 포르투갈의 인도항로 개척은 아메리카의 발견과 함께 유럽에 희소식을 전해 주었다. 이 항로로 어마어마한 동양의 물품들이 유럽 사회에 들어왔고 그동안 별 볼일 없던 작은 나라 포르투갈로 이목이 집중되었다.

---

5 북아프리카의 세우타에서는 오랫동안 무어인(북아프리카에 거주한 이슬람교도)과의 전투가 벌어지고 있었다. 카몽이스는 1547년 모로코 세우타 원정대로 참전했다가 오른쪽 눈을 잃었다.

하루아침에 경제적 중심지로 떠오른 포르투갈이었지만 문화에 있어서는 매우 뒤처진 상태로 여전히 이탈리아 문학을 답습하고 있었다. 이때 카몽이스가 포르투갈어로 쓴 서사시 《우스 루지아다스》를 발표한 것이다. 서사시에는 바스쿠 다 가마의 인도항로 개척을 소재로 포르투갈이 더 이상 변방의 연약한 나라가 아니라 어려움을 극복하고 세계의 역사를 새로 쓴 나라라는 자부심이 나타나 있다. 이로써 포르투갈의 고전문학은 카몽이스로 인해 완성되었다.

《우스 루지아다스》[6]는 10개의 칸투^{Canto}로 되어 있다. 이 장편 대서사시는 총 1102연이고 각 연은 8행으로 이루어져 있다. 여기서 《우스 루지아다스》 첫 번째 칸투의 1연을 잠시 음미해 보자.[7]

> 드높은 명성의 용사들이
> 루지타니아^{Lusitania}의 서쪽 해안으로부터,
> 한 번도 항해한 적 없었던 바다를 통해
> 타프로바나^{Taprobana}[8]를 넘어,
> 인간의 힘으로는 도저히 감당할 수 없는
> 위험과 격렬한 전투를 극복하며
> 멀리 떨어진 이방의 세계에서
> 저토록 숭고한 새 왕국^{Novo Reino}을 세웠도다.
>
> - 루이스 드 카몽이스, 《우스 루지아다스》

---

6   제목의 '루지아다스'는 '루지타니아(Lusitania)에 사는 사람'이란 뜻이다. 루지타니아는 이베리아 반도의 서부지방을 일컫는 라틴어로 오늘날 포르투갈을 가리킨다.
7   《우스 루지아다스》는 포르투갈의 굴벤키안 재단의 지원으로 번역되어 1988년 국내에 출간된 적이 있지만 너무 오래되어서 책 자체를 찾아보기 힘들다. 다행히 오늘날에는 포르투갈 디지털 도서관에서 원문과 초판본을 볼 수 있다.
8   스리랑카의 섬

광장에 서서 잠시 동상을 올려다보니 카몽이스의 얼굴은 동쪽 방면을 향하고 있었다. 우리도 카몽이스의 시선을 따라가 보았다. 처음에는 그가 남쪽의 테주 강이나 서쪽의 대서양을 바라보고 있을 거라고 생각했다. 그런데 대항해 시대의 작품을 읽고 나니 카몽이스는 자신이 항해했던 아시아 대륙과 바다를 바라보고 있다는 생각이 들었다. 멀고 먼 미지의 세계였던 동양을 바라보며 카몽이스는 오늘도 광장에 우뚝 서 있다.

시아두 광장에서 바라본 카몽이스 광장과 동상

4. 시아두 광장 - 시인 시아두 동상

리스본의 중심지역인 시아두 지역에는 어떤 동상이 세워져 있을까. 큰 기대를 안고 시아두로 들어서는데 제일 먼저 두 성당과 시아두 광장 Largo do Chiado이 보였다. 그리고 곧바로 가헤트 거리 Rua Garrett가 시작되었다. 가헤트 거리의 모습은 리스본의 여느 거리와는 좀 다르다는 인상을 받았다. 거리의 건물들은 대부분 리스본 대지진 이후 폼발리나 양식으로 재건되었는데 이곳은 좀더 현대적으로 보였다. 그것은 근래에 일어난 시아두 화재 때문이다.

1988년 8월에 있었던 시아두 화재는 카르무 거리 근처 그란델라 Grandella 백화점에서 시작되어 다닥다닥 붙어있는 목조주택들을 태우며 대화재로 번졌다. 무려 건물 18채를 태우며 사망자와 이재민이 발생했고 상인들이 일터를 잃었다. 리스본 대지진 이후 가장 큰 피해를 준 재난이었다. 하지만 이를 극복하고 도시재건으로 다시 태어난 시아두 지역은 오늘날 가장 현대적이고 다양한 문화적 색채를 띤 지역이 되었다.

시인 시아두의 동상

멀리서 달려오던 트램이 한 무리의 인파를 가헤트 거리에 쏟아놓고는 사라졌다. 많은 사람들이 각자의 호기심으로 재빠르게 흩어지자 작은 광장 가운데에 동상이 홀로 서 있는 게 보였다. 익살스러운 얼굴 표정을 한 주인공은 시끌벅적한 거리를 향해 손을 내밀며 무언가 말을 건네는 듯한 모습이었다. 마치 연기를 하는 듯 무척 사실적이고 자연스러운 동작을 취하고 있었다. 게다가 동상을 둘러싸고 있는 칼사다 포르투게사가 연극 무대처럼 보였다.

동상의 주인공은 시인 시아두Poeta Chiado이다. 이름에서도 알 수 있듯이 시아두 광장은 시인의 이름에서 유래되었다. 16세기 풍자시인이자 극작가인 안토니우 히베이루 시아두António Ribeiro Chiado는 에보라Évora에서 태어났다. 어린 나이에 프란시스쿠 수도회에 들어갔지만 이내 수도회 생활을 포기하고 리스본으로 건너왔다. 이후 그는 시아두 지역에서 시인이자 배우로서 각광을 받게 되었다. 시인 시아두는 매우 장난기가 많고 유쾌해서 인기를 끌었는데, 특히 근엄하고 지체 높은 사람들의 목소리와 몸짓을 잘 흉내냈다고 한다. 16세기 포르투갈은 대외적으로 영토 확장의 시대이자 대항해의 시대였지만, 국내에는 관리들의 부정부패와 불공정한 재판, 사회적 불의와 성직자의 횡포 등이 만연한 분위기였다. 시인 시아두는 이러한 사회상을 조롱과 풍자로 일갈했고 관중들의 큰 호응을 얻었다.

주제 사라마구의 소설에는 페소아가 시아두 동상을 바라보며 히카르두 헤이스와 나누는 대화가 있다. 카몽이스와 같은 16세기 작가인 시인 시아두의 동상이 세워질 때 많은 논쟁이 있었던 모양이다.

항상 있는 일이야. 어떤 사람들은 심지어 시아두의 동상도 없애자고 요구하는 형편일세. 시아두까지, 시아두의 무엇이 문제라는 건가. 시아두가 상스러운 광대라서 지금 서 있는 그 우아한 자리에 어울리지 않는다더군. 말도 안 되는 소리, 거긴 시아두에게 딱 맞는 자리일세. 시아두 없는 카몽이스는 상상할 수 없어. 게다가 두 사람은 같은 세기에 살았지. 혹시 바꿔야 할 것이 있다면 시아두의 자세일세. 손을 뻗은 채로 카몽이스를 마주 보게 방향을 돌려놔야 해. 구걸하는 손이 아니라 뭔가를 내밀어주는 손일세.

– 주제 사라마구, 《히카르두 헤이스가 죽은 해》

1925년에 제작된 시아두의 동상은 안토니우 아우구스투 다 코스타 모타^{António Augusto da Costa Motta}에 의해 조각되었다. 동명 작가와 혼동하지 않기 위해 흔히 코스타 모타 삼촌^{tio}이라고 부른다. 그는 제로니무스 수도원에 안장되어 있는 바스쿠 다 가마와 카몽이스의 석관을 제작할 정도로 포르투갈을 대표하는 조각가 중 한 명이다.

조각가 코스타 모타 ⓒ

코스타 모타의 작품은 한번 보면 잊을 수 없는 강한 매력을 지니고 있다. 인물의 얼굴 표정이나 동작을 명확하고 생생하게 묘사하는 표현력 때문이다. 덕분에 시아두의 연기력이 얼마나 뛰어났는지 조각상을 통해 충분히 짐작할 수 있다. 정적이고 경직된 여느 동상들에 비해 무척 자연스럽고 현장감 있게 표현한 것이 코스타 모타의 특징이다. 그가 다른 조각가들과 다른 점이 하나 더 있는데, 역사적으로 위대한 인물뿐만 아니라 민중을 대상으로 한 작품도 많다는 것이다. 그들의 일상적인 모습이나 특징을 포착하여 사실적으로 표현한 작품들은 포르투갈의 예술 분야에 있어서도 중요한 자리매김을 하고 있다.

리스본을 여행하는 동안 코스타 모타의 작품을 도시 곳곳에서 만나볼 수 있었다. 그 중 상 페드루 드 알칸타라 정원에 있는 기념비는 신문 설립자인 에두아르두 코엘류Eduardo Coelho를 기리는 동상이다. 포르투갈의 작가이자 저널리스트인 그는 최초의 대중신문[9]을 창간한 인물이다. 정원 안에는 그의 흉상과 함께 신문팔이 소년도 조각되어 있는데, 신문을 들고 금방이라도 광장으로 뛰어나갈 것 같은 포즈를 하고 있다. 당시 신문이 등장했던 시절을 영화의 한 장면처럼 표현한 조각상이다.

코스타 모타의 대표작 중 하나인 '카바도르O Cavador'는 이스트렐라 정원을 산책하는 중에 만났다. 카바도르는 '파는 사람'이라는 뜻으로, 곡괭이질을 하고 있는 노동자의 모습을 표현하였다. 노동의 힘겨움을 호소하는 일그러진 표정이 매우 사실적인 조각상이었다. 그리고 굽은 허리와

---

9 《디아리우 드 누티시아스(Diário de Notícias)》는 1864년 창간된 포르투갈 최초의 대중일간지이다. '매일의 소식(일간신문)'이라는 뜻의 신문은 2018년부터 토요일에 발행되는 주간지가 되었다.

다리를 꽉 동여 맨 끈, 주름진 옷 등이 아주 세밀하게 표현되어 있었다.

코스타 모타의 '카바도르' ⓒ

코스타 모타의 조각상을 볼 수 있는 또 한 번의 기회가 있었다. 이스트렐라 대성당 옆에 있는 '10월 5일의 정원Jardim 5 de Outubro'에서 그의 작품을 만났다. '농부 가족 또는 신성한 가족O Lavrador ou Sagrada família'이라고 붙여진 이 작품에는 인물들이 고전적이고 사실적으로 표현되어 있었다. 당나귀를 타고 아기를 살포시 안은 여인의 온화한 표정, 그리고 아기와 아내를 보살피며 조용히 나귀를 끄는 남편의 모습이 하나로 어우러져 있었다.

코스타 모타가 만든 조각상은 한 장의 스냅사진과 같았다. 인물의 움직임을 순간적으로 포착하는 관찰력, 그리고 세밀하고 사실적으로 표현하는 능력이 탁월했다. 코스타 모타는 자신의 재능을 통해 인물이 지닌 특징을 진심을 다해 전달하려는 듯 보였다.

리스본에서 코스타 모타의 조각상을 여러 차례 만날 수 있었던 것은 우연이자 행운이었다. 특히 처음 만났던 시인 시아두 동상이 가장 인상적이었다. 사라마구는 소설에서 "거긴 시아두에게 딱 맞는 자리"라고 했다. 우리도 여기에 덧붙여 코스타 모타를 기리며 '시인 시아두에게 딱 맞는 조각가'라고 찬사를 보내고 싶다.

코스타 모타의 '농부 가족 또는 신성한 가족'

5. 가헤트 거리 - 페소아 동상

리스본을 걷다 보면 시인 페르난두 페소아를 자주 만날 수 있다. 사망한 지 100여 년이 다 되어가는 시인을 직접 만날 리는 없겠지만, 중절모에 코트를 입고 담배를 피우며 걷는 모습이 불쑥불쑥 나타나곤 했다. 건물 기둥이나 간판에, 또는 어느 집 유리창에도 페소아가 보였다. 어느 상점에는 발걸음 가볍게 걷는 페소아의 모습이 크게 붙어 있는 바람에 실제로 걸어나오는 줄 알고 깜짝 놀라기도 했다.

만일 그를 모르는 여행자이라면 리스본 거리 곳곳에서 마주치는 저 신사가 누구인지 무척이나 궁금해질 것이다. 하지만 놀랍게도 그를 몰라 볼 사람이 없을 정도로 페소아의 인기는 대단히 높다. 포르투갈에서는 누구나 그의 시 한 편 정도는 암송할 정도로 사랑받는 시인이며 포르투갈을 넘어 유럽과 세계 곳곳에서 번역된 시와 산문으로 인기를 누리고 있다.

창문에 새겨진 페소아의 모습

　리스본 시에서는 페소아의 인기를 이용해 관광상품을 내놓기도 했다. 페소아의 생가에서 무덤까지 그의 흔적과 기념관은 관광 코스에 들어있다. 그래서인지 많은 여행자들이 페소아의 흔적을 찾아다니는데, 그 중 가헤트 거리의 페소아의 동상은 가장 인기있는 곳이다. 카페 브라질레이라 앞에는 늘 그와 함께 사진을 찍으려는 사람들로 북적이고 있다. 하지만 정작 페소아는 자신이 세상에 드러나는 것을 별로 좋아하지 않을 듯 한데, 만일 시 낭독회에 참석해야 한다든지, 이 동상처럼 거리에 앉아 하루 종일 팬들과 사진 촬영을 해야 한다면 어떠했을까. 이런 상상은 우리보다 주제 사라마구가 먼저 했던 모양이다. 그의 소설에서 페소아는 자신의 동상에 대해 이렇게 말했다.

사람들이 날 기념하는 동상을 세울 일은 결코 없을 걸세, 염치가 없는 자들이 아니고서야, 난 동상이 아니야. 나도 전적으로 동감일세, 자신의 운명에 동상이 포함되는 것만큼 우울한 일이 없지, 군대 지휘관과 정치가의 동상은 얼마든지 세우라고 해, 그 사람들은 그런 걸 좋아하니까, 우리는 글쟁이일 뿐일세, 글을 청동이나 돌에 가둘 수는 없어. 글은 그저 글일 뿐이지.

– 주제 사라마구,《히카르두 헤이스가 죽은 해》

가헤트 거리의 페소아 동상은 탄생 100주년을 맞은 1988년에 세워졌다. 페소아 동상 아래를 보니 조각가 라고아 엔히크스Lagoa Henriques의 이름이 또렷하게 적혀 있었다.

라고아 엔히크스는 여러모로 페소아와 인연이 깊은 조각가이다. 그는 페소아의 동상뿐 아니라 페소아의 묘비도 제작했다. 1935년 페소아가 세상을 떠났을 때 그는 집과 가까운 프라제르스 묘지에 묻혔다. 그러다가 사후 50주년을 맞은 해에 제로니무스 수도원으로 이장되면서 페소아의 묘비를 라고아 엔히크스가 제작하였다. 육중한 사각형의 대리석 묘비에는 페소아의 시구가 새겨져 있다. 그의 수많은 이명작가들 중 널리 알려진 세 명의 시로, 히카르두 헤이스의 <위대해지려면Para ser grande>, 알바루 드 캄푸스의 <아니오: 아무것도 원하지 않아요Não: não quero nada>, 그리고 알베르투 카에이루의 <창문을 열지 마세요Não basta abrir a janela>이다. 페소아는 자신의 시와 함께 테주 강을 바라보며 영원히 잠들어 있다.

페르난두 페소아의 조각상

주제 사라마구는 페소아에 대한 이명 소설《히카르두 헤이스가 죽은 해》를 집필할 무렵 제로니무스 수도원에 있는 페소아의 묘소를 자주 찾았다고 한다. 소설 속에서 "글을 청동이나 돌에 가둘 수는 없다"고 한 것은 사라마구가 묘비의 시를 보며 페소아의 외침을 들었던 것은 아닐까.

조각가 라고아 엔히크스가 역사적 인물들을 동상으로 만들게 된 것은 1983년부터 실시한 역사적 건물 및 동상 제작을 위한 문화유산 보급 사업에 참여하게 되면서부터였다. 그는 게하 중케이루, 안테루 드 켄탈, 루이스 드 카몽이스, 누누 알바르스 페레이라 등 포르투갈의 역사와 문화를 대표하는 인물들을 주로 조각하였다. 페소아의 조각상과 묘비 제작도 이에 포함되어 있었다.

우리는 프린시프 히알 정원에서 라고아 엔히크스의 또다른 작품을 발견할 수 있었다. 정원 한편에 마치 보물처럼 숨겨져 있는 이 작품은 동상이 아니라 안테루 드 켄탈의 기념비로 서거 100주년을 맞아 세워진 것이다. 안테루 드 켄탈의 인물 조각상은 이스트렐라 정원에 세워져 있고 이 정원에는 시 기념비가 있다. 콘크리트와 돌, 스틸 등을 재료로 만들어진 기념비는 바위에서 소용돌이가 올라가는 모습이다. 이는 시인의 머릿속에 떠오르는 시상이 이미지화되고 시가 되기까지의 과정을 형상화한 것이라고 한다. 추상적으로 표현된 기념비는 안테루 드 켄탈에 대해 쓴 페소아의 글을 읽고 나면 어느 정도 이해할 수 있다.

안테루 드 켄탈에게 모든 것은 … 생각이다. 그는 누구보다 의식적인, 어쩌면 지금껏 존재했던 그 어떤 시인보다 의식적인 시인이었다. … 그의 영감은 대다수 시인들처럼 느낌에서 지성으로 가는 것이 아니라 지성에서 감성으로 간다. 그의 시들은 먼저 생각으로 만들어지고, 그다음 그 생각이 감각화된다. 그러고 나서 표현이 뒤따른다. 그리고 그 표현은 다른 시인들보다 더 완벽하다. 오히려(당연한 얘기지만) 더 차분하고 무한함으로 가득하다.

- 페르난두 페소아, 《천재성과 광기에 관한 글》[10]

안테루 드 켄탈 ©

안테루 드 켄탈Antero de Quental은 19세기 시인이자 철학자로 그의 소네트는 당대 작가들에게 많은 영향을 끼쳤다. 페소아는 "안테루 드 켄탈 이전

10   페르난두 페소아, 《시는 내가 홀로 있는 방식》, 김한민 번역, 민음사, 2018

에는 포르투갈 문학이 없었다. 그 전에는 미래 문학에 대한 준비이거나 포르투갈어로 쓰인 외국문학이 있을 뿐이었다."[11]라고 할 정도로 그를 높이 평가했다. 페소아는 켄탈의 영향을 받아 한때 소네트를 창작하는 데 몰두하기도 했다.

페르난두 페소아와 안테루 드 켄탈은 포르투갈 모더니즘 문학을 대표하는 작가인데, 묘하게도 조각가 라고아 엔히크스의 작품을 통해 이어졌다. 프린시프 히알 정원을 나오려는데 기념비 아래에 켄탈의 시가 적혀 있었다. 우리는 정원의 벤치에 앉아 켄탈의 소네트를 천천히 종이에 옮겨 적었다. 놀랍게도 켄탈의 시상이 소용돌이처럼 이미지화되어 가는 걸 어렴풋이 느낄 수 있었다.

> 거기! 거기가 어디지?
> - 기다려라, 길들여지지 않은 마음이여!
> 천국, 신실한 영혼을 갈망하는, 천국, 이데아의 천국.
> 그대는 광활한 영역에서 헛되이 그걸 찾고 있구나!
>
> 우주는 침묵한다 : 그 엄숙한 광활함은
> 헛되게 밤낮으로 타오른다.
> 별도 뜨지 않고, 태양이 뜨지 않아도,
> 영원한 봄의 이상적인 장미!
>
> - 안테루 드 켄탈, <이데아A idéia - VIII>[12]

---

11   페르난두 페소아, 〈윌리엄 벤틀리(William Bentley)에게 보낸 편지〉, 1915
12   안테루 드 켄탈, 《현대 송가(Modern Odes)》, 1875, 위키소스(WIKISOURCE)

6. 프라갈 지역 - 핀투 동상

　대서양의 길목인 테주 강은 리스본 남쪽에서 흐르고 있다. 그래서 강 건너편은 리스본이 아니라 외곽도시에 해당한다. 테주 강에 다리가 놓인 이후에는 빠르고 쉽게 강을 건널 수 있기 때문에 맞은편도 리스본이라고 착각하는 경우가 많다.

　테주 강에 놓인 다리는 두 개인데 먼저 리스본 맞은편의 알마다^{Almada}지역과 연결하는 '4.25 다리^{Ponte 25 de Abril}'가 있다. 1966년에 완공되었고 총 길이 2.277km로 기차가 지나는 철로가 함께 있다. 다른 하나는 좀 더 동쪽에 놓인 '바스쿠 다 가마 다리^{Ponte Vasco da Gama}'이다. 리스본과 맞은편 몬티주^{Montijo} 지역을 연결하는 이 다리는 강의 상류에 있음에도 총 길이가 12.3km로, 유럽에서 가장 긴 다리 중 하나이다. 1998년에 완공된 이 다리는 바스쿠 다 가마가 인도를 발견한 지 500주년이 되는 것을 기념해 만들었다.

　예전 다리가 만들어지기 전에는 어떻게 테주 강을 건넜을까. 당연히 배를 띄웠을 것이다. 주제 사라마구의 소설《바닥에서 일어서서》를 보면 그 시절 테주 강을 건널 때의 모습을 알 수 있다. 주인공은 리스본의 남쪽 지방 알렌테주Alentejo에서 리스본으로 오기 위해 먼저 기차를 탄 다음 다시 배를 타고 강을 건넌다.

> 주앙 마우템푸는 잠깐 졸기까지 했으니. 흔들리는 열차와 바퀴가 철로를 지나가며 내는 철커덕 소리, 철커덕 철컥 소리에 마음이 가라앉아 잠이 든 것이다. 그러나 매번 놀라 잠이 깰 때마다 자신이 꿈을 꾸고 있는 게 아님을 깨닫고 두려움에 빠졌다. 그 다음은 테헤이루 파수로 가는 배를 타야 했다. 저 물에 몸을 던지면 어떻게 될까. 이것은 검은 생각이다.
>
> – 주제 사라마구, 《바닥에서 일어서서》

크리스투 헤이에서 바라본 테주 강과 4.25 다리

테헤이루 두 파수, 즉 오늘날 코메르시우 광장에서 배를 타고 테주 강을 건너는 것은 얼마나 멋진 여행일까. 물론 오늘날에는 테헤이루 두 파수가 아니라 카이스 두 소드레에서 배를 타고 테주 강 건너 카실랴스 Cacilhas로 갈 수 있다. 아쉽게도 우리는 배가 아닌 버스를 타고 테주 강을 건넜다. 그렇지만 리스본에 있는 동안 매일 바라보았던 4.25 다리를 통해 테주 강을 건너는 일도 배를 타고 건너는 것만큼이나 설레었다.

4.25 다리는 독재정권 때 '살라자르 다리'로 불리다가 1974년 4월 25일에 일어난 카네이션 혁명을 기리기 위해 이름을 바꾸었다. 그리고 다리 건너편에는 두 팔 벌린 거대한 그리스도상 '크리스투 헤이 Cristo Rei'가 굽어보고 있다. 크리스투 헤이[13]는 포르투갈이 2차 세계대전에 휘말리지 않은 것에 대한 감사로 세워졌다. '평화'의 상징인 크리스투 헤이를 바라보며 '자유'의 상징인 4.25 다리를 건넌다는 것은 잠깐 동안이지만 무척 설레고 감동적인 순간이었다. 리스본 시민들은 언제 어디서나 자유와 평화의 상징물을 보며 살고 있다. 그들이 누리는 축복은 스스로의 의지와 열의로 얻은 것이기에 더욱 가치있게 보였다.

테주 강을 건너 알마다 지역에 들어서자 수도 리스본을 빠져나왔다는 것이 확연하게 느껴졌다. 높은 빌딩과 번잡한 도로가 사라지자 넓은 하늘 아래 작은 마을에서 느껴지는 맑은 공기가 평온함을 가져다 주었다.

---

13 크리스투 헤이에 대해서는 졸저 《멋진 여행이었어! 까미노 포르투게스》(2021) 중 「1부-포르투갈 성당 기행」에 자세히 설명되어 있다.

알마다 지역에 있는 아줄레주

"프라갈에 온 것을 환영합니다.BEM VINDO ao PRAGAL"

마을에 방문한 것을 환영한다는 문구가 보였다. 알마다 지역으로 넘어왔는데 프라갈이라는 낯선 이름은 뭘까. 프라갈은 테주 강 남쪽에 있는 이 지역의 옛 이름이다. 프라갈Pragal은 '불모의 땅'이라는 뜻과는 다르게 오랫동안 밀과 포도를 재배해 온 풍요로운 지역이었다. 그러나 도시화와 산업화의 영향으로 주민들은 농부에서 도시 노동자가 되었고, 인구가 감소하자 지역이 쇠퇴하고 말았다. 결국 알마다 지역으로 합병되면서 프라갈이란 옛 이름은 사라졌다. 입구에는 환영 인사와 함께 농부가 밭을 갈던 옛 평화로운 마을의 모습이 아줄레주로 아름답게 그려져 있었다. 마을 사람들은 프라갈의 이름과 문화를 잊지 않기 위해 노력하고 있었다.

멀리 크리스투 헤이의 뒷모습을 바라보며 가다가 마을 광장에 서 있는 동상과 마주쳤다. 손에 양피지를 들고 있었는데 동상의 주인공이 누구인지 찾다가 먼저 파란만장한 그의 직업이 눈에 띄었다.

"선원MARINHEIRO 교사SENHOR 노예ESCRAVO 예수회 수사JESUÍTA 해적 PIRATA 상인MERCADOR 판사JUIZ 작가ESCRITOR"

선원이자 선생님이었던 인물이 노예이자 해적이기도 했으며, 예수회 수사였다가 판사인 적도 있었다니, 도저히 믿기 어려운 인생을 살았던 그는 페르낭 멘드스 핀투Fernão Mendes Pinto이다. 포르투갈 대항해 시대의 탐험가이자 작가로 루이스 드 카몽이스, 안토니우 히베이루 시아두와 동시대인 16세기 인물이다.

페르낭 멘드스 핀투는 가난한 가정에서 태어나 리스본에서 일을 찾다가 무작정 배를 타고 선원이 되었다. 여러 나라를 항해하는 동안 해적을 만나고 노예로 팔리기도 하고 감옥에 갇히기도 했다. 포르투갈령 인도 남부에 도착한 후에는 요새의 대장이자 행정관이 되었다. 핀투는 포르투갈과 일본 간의 활발한 무역을 돕다가 이후 프란시스코 하비에르Francisco Javier를 만나 최초로 일본에 가톨릭을 전파하는데 큰 도움을 주었다. 핀투는 포르투갈을 떠난 지 21년만인 1558년에 리스본으로 돌아왔다.

핀투 광장에 있는 핀투 동상

핀투 동상 뒤로 보이는 크리스투 헤이

그동안 핀투의 모험이야기는 대중적으로 널리 알려지지 않았는데, 그건 신빙성에 의문을 가졌기 때문이다. 구체적으로 증명할 수 없는 애매모호한 모험 이야기는 당대에도 '거짓말쟁이', '허풍쟁이' 핀투의 이야기라고 놀림을 받았다. 말년에 그는 프라갈에 정착하여 밭을 일구고 가족과 여생을 보내며 자신의 모험 이야기를 글로 정리하기 시작했다. 이렇게 핀투가 쓴《페레그리나상Peregrinação》은 그가 사망한 지 31년 만인 1614년에야 출간되었다. 오늘날 이 책은 16세기 동아시아의 상황을 알 수 있는 새로운 동방견문록으로 알려져 있다. 이 책의 서두에서 핀투는 자신의 모험을 다음과 같이 밝히고 있다.

> 지금 쓰는 이 이야기는 내 자손들에게 유산으로 남겨질 것이며, 오직 내 자손들만을 위한 것이다. 내 아이들이 내가 겪었던 21년 동안의 어려움과 위험에 관해 모두 알았으면 한다. 그동안 나는 13번 포로가 되었고, 17번 노예로 팔렸다. 이런 일들은 지리적으로 인도의 여러 지방, 에티오피아, 아라비아 펠릭스, 중국, 타타르, 마카사, 수마트라, 그리고 중국, 시암, 구에오스, 그리고 류큐에서 또 세계의 외곽으로 표현되는 곳인 아시아의 가장 동쪽 구석에 위치한 아키펠라고의 많은 다른 지방에서 겪었던 일로 여기에 관한 이야기는 후에 한결 더 상세하게 말할 예정이다.
>
> - 페르낭 멘드스 핀투,《핀투 여행기》[14]

핀투가 말년을 보내고 세상을 떠난 프라갈 지역에는 1983년 사망 400주년을 기념하기 위해 동상이 건립되었다. 그리고 핀투 광장Largo Fernão Mendes Pinto 주위에는 그를 기리는 초등학교와 중등학교도 세워졌다.

---

14 페르낭 멘드스 핀투,《핀투 여행기-상》, 이명 옮김, 노마드북스, 2005

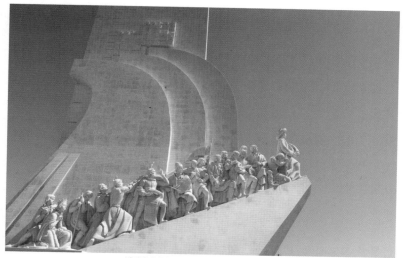
발견기념비의 맨 뒤에서 세 번째에 있는 핀투

우리는 리스본으로 돌아온 후 벨렝 지역에서 핀투를 다시 만날 수 있었다. 대항해 시대의 인물들을 볼 수 있는 발견기념비에는 핀투의 모습도 조각되어 있었다. 대항해 시대를 주름잡던 포르투갈의 배 '카라벨라carabela'가 세 개의 돛을 활짝 펼친 모습으로 형상화된 발견기념비에는 해양왕 엔히크 왕자를 선두로 바스쿠 다 가마, 페드루 알바르스 카브랄, 루이스 드 카몽이스 등 여러 인물들이 있다. 발견기념비에는 왕자를 중심으로 동쪽과 서쪽 부분에 각각 다른 인물들이 새겨져 있는데 핀투는 서쪽 부분에 부조로 새겨져 있다. 맨 뒤에서 세 번째에 긴 지팡이를 짚은 채 힘겹게 걷고 있는 인물이 바로 핀투다. 그의 뒤에는 엔히크 왕자의 어머니인 필리파 왕비가 있다.[15]

---

15 벨렝 지역에는 핀투 거리(Rua Fernão Mendes Pinto)도 찾아볼 수 있다. 1948년부터 벨렝 지역의 거리를 확장하고 정비하면서 대항해의 시대와 관련된 인물의 이름을 거리에 명명하였다.

리스본을 여행하는 동안 문학과 예술, 건축과 종교 등을 접하게 되면서 몇 세기에 걸친 시간 여행을 하고 있다. 시아두 지역의 카몽이스, 안토니우 히베이루와 함께 알마다 지역의 핀투를 만나고 보니 16세기 대항해의 시대를 탐험한 듯 하였다.[16] 대항해의 시대를 전하는 그들의 이야기는 같은 듯 조금씩 다르게 서술되어 있는데, 그 중에서도 핀투의 모험기는 거대한 역사의 흐름 속에서 한 개인이 겪은 미지의 모험을 생생하게 전해주고 있다. 또한 낯선 민족과 문화를 만나는 생경함에 대해서도 자세하게 묘사되어 있다.

세상은 모험의 대상이다. 독일의 철학자 게오르크 짐멜Georg Simmel은 일상적인 삶으로부터 분리될 정도로 긴장의 폭이 커지면 그것은 체험이 아니라 '모험'이 된다고 했다. 오늘날에도 똑같은 여행을 계획하기보다는 예상치 못한 여정에 몸을 맡기고 낯선 문화와 미지의 세계에 호기심을 가진다면 분명 모험심 가득한 여행이 될 것이다.

---

16 16세기 세 문학가의 출생과 사망을 살펴보면 카몽이스는 1524년~1580년, 시아두는 1520년~1591년, 그리고 핀투는 1509년~1583년이다.

7. 테헤이루 두 파수 - 주제 1세 기마상

길게만 느껴지던 여행이 끝나고 전차는 강어귀에 맞닿은 광장에서
멈춰 섰다. 동상과 대리석 벽으로 치장한 패인 공간이 있었고 물속
으로 뻗은 계단이 하나 있었다. 하얀 코끼리와 청동 트럼펫을 받친
천사들이 장식된 돌 받침대 위에는 왕이 말의 고삐를 쥐고 항구를
향해 비 냄새가 스민 바닷바람을 맞으며 영웅답게 당당하게 서 있
었다. 비랄보는 끝내 그 왕의 이름을 알아내지는 못했다. …

여러 상징물과 문장이 새겨진 아치 밑을 지나갔고 비랄보는 이전에
방문했는지 확실치 않은 거리들 사이에서 길을 잃고 헤매었다. 하
지만 리스본에서는 항상 그랬다. 처음 온 곳인지, 기억을 못 하는
것인지 정확히 구분하지 못했다. 길들이 더 좁고 어두운 그곳에는
내부가 깊은 상점들이 즐비했고 짙은 항구 냄새가 났다. 대리석 무
덤처럼 차가운 커다란 광장을 걸었다.

- 안토니오 무뇨스 몰리나, 《리스본의 겨울》

리스본에 도착하는 여행자라면 가장 먼저 테주 강을 보고 싶어하지 않을까. 지금은 국가 간의 이동이 자유로워졌고 교통수단도 발달해서 리스본으로 오는 방법이 다양해졌지만, 20세기 초반까지만 해도 주로 배를 타고 테주 강을 통해 들어왔다. 강물 위에 서 있는 두 개의 기둥인 '카이스 다스 콜루나스cais das colunas'는 대서양이 끝나고 육지가 시작됨을 말해주고 있다. 오랜 항해 끝에 육지에 발을 디디면 제일 먼저 커다란 광장이 눈에 들어온다. 바로 '테헤이루 두 파수'이다. 오늘날의 공식적인 이름은 코메르시우 광장이지만 여전히 옛 이름으로도 불리고 있다. '왕의 뜰'이라는 뜻의 테헤이루 두 파수Terreiro do Paço가 '상업 광장'이라는 뜻의 코메르시우 광장Praça do Comércio이 된 것은 리스본에 큰 상처를 입힌 리스본 대지진 때문이었다.

테헤이루 두 파수에서 바라본 아우구스타 아치

1755년 11월 1일 모든 성인의 날 아침에 일어난 '리스본 대지진^{Sismo de} Lisboa'은 오늘날 규모 8.5에서 규모 9정도에 해당하는 강력한 지진이었다. 지진에 이어 테주 강으로 열려있는 테헤이루 두 파수로 엄청난 해일이 덮쳤고 그후 5일 동안 도시를 불태운 대화재까지 일어났다. 당시 리스본 건물의 85%가 파괴되었는데 히베이라 왕궁^{Paços da Ribeira}뿐 아니라 주요 건물들과 유명 성당들이 재앙을 피하지 못했다.

리스본 대지진 당시 국왕이었던 주제 1세^{Jose I}는 궁전을 떠나 있어 재앙을 면했지만, 지진의 피해를 보고 큰 충격을 받았다. 주제 1세는 무너진 히베이라 왕궁을 복구하지 않고 벨렝 지역의 아주다 언덕으로 왕궁을 옮겼다. 마누엘 1세 때부터 약 250년 동안 포르투갈 왕들이 거주했던 히베이라 왕궁은 그렇게 사라졌다.[17] 이후 이곳은 상업을 장려하기 위한 교역의 장소로 바뀌어 리스본의 상징적인 관문으로 재건되었다. 선장과 상인들은 브라질, 인도, 동남아시아 등지로 험난한 항해를 떠났고, 돌아와서는 광장에 물품을 하역하고 거래했다. 이렇게 테헤이루 두 파수는 상업과 무역을 장려하는 코메르시우 광장으로 불리면서 18세기 후반 포르투갈의 부와 야망의 상징이 되었다.

개선문인 아우구스타 아치를 배경으로 서 있는 청동 기마상을 보려고 광장 가운데로 걸어갔다. 말 위에 앉아 테주 강을 바라보고 있는 동상의 주인공은 주제 1세였다. 높이가 14m나 되는 청동상은 화려하게 장식된 커다란 기단 위에 역동적인 모습으로 서 있었다. 1775년 완성된 청동상은 생존하고 있는 왕에게 헌정된 최초의 동상이라고 하는데, 리스본 대지진

17　리스본 대지진 이전의 테헤이루 두 파수와 히베이라 궁전의 모습은 알파마의 산타 루지아 성당에 있는 아줄레주 벽화를 통해 알 수 있다.

의 재앙을 딛고 일어서려는 포르투갈의 위상을 알리기 위해서 제작되었
다. 당대 포르투갈 최고의 조각가인 조아킹 마차두 드 카스트루^{Joaquim}
^{Machado de Castro}가 담당했다.

테헤이루 두 파수에 있는 주제 1세 동상

　주제 1세 동상에 가까이 다가가 커다란 기단을 살펴보니 여러 조각상
들로 장식되어 있었다. 양쪽에는 우의적으로 표현된 조각상이 새겨져
있었는데 포르투갈이 여러 대륙을 지배한다는 의미를 담고 있다. 왼쪽
에는 '승리^{Triumph}의 여신'이 넘어진 사람 위로 말을 몰고 있는 모습인데,
이는 포르투갈이 유럽을 이끌고 아메리카 대륙을 통치한다는 의미이다.
오른쪽으로는 '명성^{Fame}의 여신'이 넘어진 사람 위로 아기 코끼리를 몰
고 있는 모습을 하고 있다. 이 또한 포르투갈이 아시아 대륙에 이어 아프
리카를 지배한다는 뜻을 담고 있다.

주제 1세 동상의 기단에 있는 코끼리 조각상

　포르투갈에서 코끼리 조각상이라니 좀 낯설겠지만, 대항해 시대에는 이미 아시아에서 코끼리를 들여 와 볼거리를 제공했다. 당시의 모습을 자세히 알 수 있는 소설이 있는데 주제 사라마구의 《코끼리의 여행A Viagem do Elefante》이다. 16세기 주앙 3세João III가 오스트리아 대공의 결혼식을 위해 당시 희귀한 코끼리를 선물로 보냈다는 실제 이야기를 바탕으로 한 소설이다. 사라마구의 작품 중에서 가장 풍자와 유머, 위트가 넘치는 소설로 평가받았다. 주제 사라마구의 재단이 있는 '카자 두스 비쿠스Casa dos Bicos' 광장에 가면 사라마구가 묻혀있는 올리브나무 앞에 황동 코끼리의 발자국 조각을 볼 수 있다. 소설 《코끼리의 여행》을 기념하여 만든 것이다.

코끼리라니, 저게 코끼리구나, 그가 중얼거렸다, 이야, 키가 적어도 사 엘은 되겠구나, 그리고 긴 코와 엄니와 발도 있구나, 저 발 좀 봐, 얼마나 큰지. 호송대가 출발하자, 집사는 도로까지 그들을 따라갔다. 그곳에서 지휘관에게 작별 인사를 했다. 그는 지휘관에게 좋은 여행이 되기를 빈다고, 그리고 돌아올 때는 갈 때보다 더 좋은 여행이 되기를 빈다고 말했다. 집사는 호송대가 멀어지는 것을 보며 미친 듯이 손을 흔들었다. 하긴, 코끼리가 우리 삶에 매일 나타나는 것은 아니니까.

- 주제 사라마구, 《코끼리의 여행》

카자 두스 비쿠스 앞 광장에 있는 황동 코끼리 발자국

동상 아래에는 둥근 동판 부조가 눈길을 끌었는데, 자세히 보니 리스본 도시재건에 앞장섰던 폼발이었다. 이 동판 부조에 얽힌 이야기도 있다. 폼발을 신임했던 주제 1세가 물러나자 후임인 마리아 1세는 폼발을 가까이 두지 않았다. 결국 폼발은 모든 관직에서 해임되고 그의 흔적은 모두 지워졌다. 그래서 기단의 이 동판도 함께 사라질 운명이었는데, 동판 조각가가 몰래 무기고 창고 벽 속에 숨겨 둔 덕분에 훗날 폼발이 복권되었을 때 다시 제자리를 찾을 수 있었다고 한다.

테헤이루 두 파수는 20세기 초 한 번 더 격랑의 현장이 되었다. 1908년 2월 포르투갈 왕 카를루스 1세$^{Carlos I}$와 그의 맏아들 루이스 필리프가 공화정을 요구하는 알프레두 루이스 다 코스타와 마누엘 부이사에게 저격당하는 사건이 벌어진 것이다. 사냥을 마치고 왕궁으로 돌아가던 중에 테헤이루 두 파수에 이르러 총에 맞은 카를루스 1세는 그 자리에서 숨졌고 왕자도 치명상을 입고 얼마 지나지 않아 사망했다. 이후 둘째 아들 마누엘 2세가 왕위를 잇게 되지만, 결국 1910년 왕정은 무너지고 포르투갈 공화국이 들어섰다. 광장의 서쪽에 있는 아르세날 거리$^{Rua do Arsenal}$ 모퉁이에는 그날을 기억하기 위한 명판이 있다.

광장은 한때 이색적으로 변모된 적도 있었다. 테헤이루 두 파수는 테주 강을 향해 열린 'ㄷ'자형 광장으로 3~4층 높이의 건물들로 둘러싸여 있다. 그리고 이 건물들은 오늘날 리스본의 상징과도 같은 노란색을 띠고 있다. 그런데 1910년 포르투갈 공화국 건립 이후에는 분홍색으로 칠해졌다고 한다. 또 한때는 녹색이었던 적도 있었다는데 논란 끝에 원래의 노란색으로 돌아왔다.

광장은 시대에 따라 변한다. 유럽에서 가장 넓은 광장 중 하나로 손꼽히는 테헤이루 두 파수는 무역과 상업을 담당하는 관공서들이 자리하면서 코메르시우 광장이 되었다. 하지만 이제는 대부분 관광객들을 위한 레스토랑이나 박물관으로 대체되었다. 앞으로는 '관광 광장'이라는 뜻의 프라사 두 투리스무^{Praça do Turismo}라고 부르면 어떨까 생각해 보았다.

리스본의 9월, 강렬한 태양을 피해 여행자들은 하나 둘씩 그늘을 찾아 아케이드로 들어갔다. 한적한 테헤이루 두 파수에는 주제 1세의 기마상만 남아 더욱 더 넓어 보였다. 테주 강에 내리는 햇살이 반사되어 광장은 황금빛으로 일렁이고 있었다. 문득 존 버거가 《여기, 우리가 만나는 곳》에서 이 광장에 대해 이야기한 대목이 떠올랐다.

> 코메르시우 광장을 지나며 생각해보니. … 이렇게 굴곡진 지형에 이 정도 규모의 광장을 놓는 것은 실현할 수 없는 거대한 꿈이었다. … 코메르시우 광장은 아무리 사람들이 많아도 늘 반쯤 빈 듯한 인상을 준다.
>
> - 존 버거, 《여기, 우리가 만나는 곳》

테헤이루 두 파수의 모습

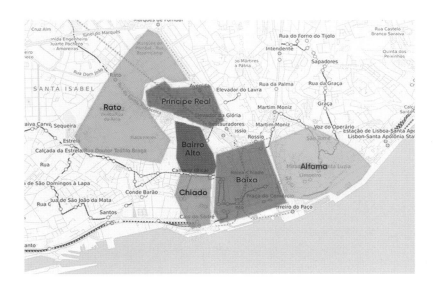

1. 리스본에서 만난 광장과 조각상 67

8. 폼발 광장 - 폼발 동상

도시에 발을 디디자마자 발 아래 땅이 흔들리는 것을 느꼈다. 바다
는 포효하며 솟구쳐 항구에 정박해 있던 배들을 산산조각 냈다. 화
염과 재의 소용돌이가 거리와 광장을 뒤덮었고, 집과 지붕이 무너져
내렸다. 남녀노소 3만 명의 주민들이 무너진 잔해 속에 파묻혔다.
팡글로스는 자문했다. "이런 재앙을 어떻게 설명할 수 있을까?"
그러자 캉디드가 외쳤다.
"이건 최후의 날이에요!"
   - 볼테르,《캉디드 또는 낙관주의》[18]

　리스본 대지진이 일어났을 때 주제 1세와 왕가의 가족들은 산타 마리
아 드 벨렝 지역으로 사냥을 나가 있어서 운 좋게 재앙을 피할 수 있었
다. 하지만 벨렝의 언덕에서 해안으로 밀려오는 해일을 보며 공포에 휩
싸였다. 리스본의 참상을 전해들은 주제 1세는 큰 충격에 빠졌다. 가장
신실했던 기독교 왕국에 가해진 재앙은 물리적인 피해만큼이나 정신적
인 충격도 컸다. 주제 1세는 옆에 있던 신하에게 물었다.

18　볼테르,《캉디드 또는 낙관주의(Candide, ou l'Optimisme)》, 가르니에, 1877, 위키소스
(WIKISOURCE)

"하느님께서 내리신 이 형벌에 어떻게 대처해야 하겠는가?"

"죽은 자를 묻고 산 자에게 먹을 것을 주어야 합니다."[19]

이러한 신하의 대답은 실의에 빠져 있던 왕이 가장 듣고 싶었던 말이었다. 왜냐하면 왕실의 성직자들이나 보수적인 귀족들은 폐허가 된 이 도시를 버리고 예전의 수도였던 코임브라로 돌아갈 것을 강권했기 때문이다. 주제 1세는 곧바로 리스본 재건의 전권을 신하에게 위임하는데, 그가 바로 오늘날 폼발 후작이라고 알려져 있는 세바스티앙 주제 드 카르발류 이 멜루Sebastião José de Carvalho e Melo이다. 그는 제일 먼저 군대를 동원해 재난으로 인해 생긴 약탈과 무정부적인 혼란의 상황을 수습하기 시작했다. 그리고 한 달이 지나 발표한 리스본 도시재건 계획은 지진의 피해가 가장 컸던 바이샤Baixa 지역을 완전히 밀어버리고 빈 상태에서 도시를 다시 짓는다는 것이었다.

도시재건 계획을 자세히 살펴보면 지진을 대비해 앞으로 새롭게 지어질 건물들은 4층 이상으로 지을 수 없도록 했다. 건물 벽에는 완충 역할을 하는 X자형 목재 프레임을 짠 뒤 그 속에 석재를 채우게 하고 기초 밑에는 목재 더미를 묻어 지반에 유연성을 더하도록 했다. 이렇게 내진설계에 입각해 건물을 지은 것은 유럽에서 거의 최초였다. 이어 화재에 대비해서는 건물 사이의 벽(방화벽)을 지붕보다 더 높게 만들었다. 그리고 전반적으로 신속한 복구를 위해 건물의 자재와 디자인을 통일하였다. 재건이 시작되자 전체 시가지는 안전거리를 확보하기 위해 거리를 넓게

19　니콜라스 시라디, 《운명의 날-유럽의 근대화를 꽃피운 1755년 리스본 대지진》, 강경아 옮김, 에코의 서재, 2009

조성하고 바둑판 모양으로 구획되었다. 이렇게 만들어진 지역은 폼발의 이름을 따서 '바이샤 폼발리나Baixa Pombalina'로 불리며 리스본의 새로운 중심지가 되었고, 리스본은 근대도시로 거듭나게 되었다.[20]

그러나 리스본 도시재건에 큰 공을 세운 폼발은 말년에 이르러 전혀 다른 평가를 받게 되었다. 주제 1세의 절대적 신임을 받은 재상으로 포르투갈의 회복을 위해 여러 개혁들을 추진하고 근대화를 이뤄냈지만, 기존의 세습 귀족들을 억압하고 예수회를 추방하는 등 여러 독단적인 행보들로 인해 반발을 샀기 때문이다. 결국 주제 1세의 뒤를 이어 마리아 1세가 즉위하자 폼발 후작은 곧바로 모든 직위를 박탈당하고 유배되었다.

에두아르두 7세 공원과 리베르다드 대로 사이에 있는 폼발 광장을 찾아갔다. 오늘날 폼발 광장Praça do Marquês de Pombal은 각 지역으로 오가는 버스 노선과 지하철이 모여 있는 교통의 중심지이다. 원형 로터리 가운데에 폼발 동상Monumento ao Marquês de Pombal이 우뚝 서 있었다. 한적한 광장이 아니라 교통의 요충지로 인구가 많이 이동하는 번잡한 곳에 동상이 서 있어 처음에는 낯설었지만, 리스본 대지진 이후 도시재건에 힘썼던 폼발의 동상이라면 도시 중심에 있는 것이 당연하다는 생각이 들었다. 1934년에 완성된 이 기념비는 높이와 규모면에서 주목할 만했는데, 기둥만 약 40m에 달할 정도라고 하니 리스본에서 가장 높은 기둥일 것이다. 이렇게 거대한 광장과 함께 동상을 조성한 것을 보니 오늘날에 와서는 폼발에 대한 평가가 달라졌다는 것을 알 수 있었다.

---

20 바이샤 폼발리나는 계몽주의의 영향을 받은 서구 최초의 근대적 계획도시 개발로, 이후 19세기 유럽의 여러 근대적 도시재건에 영향을 미쳤는데, 특히 프랑스 파리와 오스트리아 빈 도시계획에 영향을 주었다.

높은 건물 사이로 보이는 폼발 동상

사자와 함께 서 있는 폼발 동상

폼발 후작은 사자와 함께 바이샤 지역을 향하여 당당하게 서 있었다. 아래 기단에는 여러 상징적인 조각상이 보였는데 모두 폼발의 업적과 개혁을 우의적으로 나타낸 것이다. 앞쪽에는 용을 무찌르고 폐허에서 일어나는 모습을 통해 리스본의 재건을 표현했는데 맨 위쪽 여인상이 재건된 리스본을 상징한다. 그리고 양쪽에는 농부와 아내가 거대한 소를 끌며 농사짓는 모습(농업)과 한 무리의 남자들이 말과 함께 무거운 짐을 싣고 해변으로 끌고 가는 모습(무역)은 경제 개혁을 나타내고 있다. 뒤쪽에 있는 고대 그리스 건물 앞에 청동으로 만든 미네르바는 교육 개혁의 업적을 말해 주고 있다.

높은 기둥 위에 서 있는 폼발 후작의 시선을 따라가 보았다. 그는 남쪽을 바라보고 있었다. 아마도 그건 자신이 재건했던 리스본 거리를 지켜보는 것이리라. 우리는 폼발 광장과 동상을 제대로 보기 위해 광장 북쪽에 있는 에두아르두 7세 공원^{Parque Eduardo VII}으로 올라갔다.

공원에서 바라본 폼발 동상은 과연 바이샤 폼발리나와 테주 강을 바라보고 있었다. 마치 도시재건을 지시하고 있는 듯 우뚝 서서 시내를 한눈에 내려다보고 서 있는 폼발 후작의 뒷모습은 결단력 있고 당당해 보였다. 그 모든 것이 담긴 멋진 풍경을 우리도 한동안 지켜보며 서 있었다. 언뜻 폼발 동상 너머로 숲이 보였다. 가로수가 울창하게 서 있는 리베르다드 대로^{Avenida da Liberdade}였다. 이 대로도 폼발의 도시재건 계획과 관련되어 있다.

리스본 대지진 당시 폼발은 도시의 북쪽 경계에 공원을 건설하라고 명령했다. 그래서 1764년에 '공공 산책로'라는 뜻의 '파세이우 푸블리쿠Passeio Público'를 개장했는데, 그 의미와는 달리 일반인들에게는 공개되지 않고 귀족들만이 사용할 수 있도록 높은 벽으로 에워쌌다. 오랜 시간이 지나 귀족들도 찾아오지 않는 공원이 되자, 1821년 주앙 6세는 부자나 가난한 사람이나 모두 파세이우 푸블리쿠를 찾을 수 있도록 성벽을 무너뜨리라고 명령했다. 그리고 1886년 그곳에는 파리의 샹젤리제 거리를 모델로 한 리베르다드 대로가 조성되었다.

리베르다드 대로 끝에 있는 헤스타우라도르스 광장과 기념비

리베르다드 대로는 리스본 최고의 대로이다. 폭 90미터에 총연장 1500미터의 이 대로는 시작부터 끝까지 가로수가 빽빽이 늘어선데다 곳곳에 작은 정원이며 분수, 폭포, 동상이 있어 완만한 경사를 이루면서 인상적인 풍경을 만들어낸다. 리스본이 이런 발전을 거둔 것은 모두 당시 시장이었던 호사 아라우주의 공적이다. … 리베르다드 대로는 호툰다^{Rotunda} 또는 정식 이름 폼발 후작 광장에서 끝난다.

— 페르난두 페소아, 《페소아의 리스본》

페소아가 바라보았던 리베르다드 대로는 거의 100년이 지난 오늘날에도 변함없는 모습이다. 그러고 보면 오늘날 리스본은 폼발의 도시재건 때 이미 완성된 것이나 다름없다는 생각을 했다. 리스본의 중심인 구시가지는 여전히 폼발리나 건축물로 채워져 있고 거리의 전체적인 틀도 크게 바뀌지 않았기 때문이다. 폼발의 동상과 광장이 이곳에 건립된 이유를 알 것 같았다. 에두아르두 7세 공원을 내려오며 폼발 동상과 폼발이 재건한 리스본 시내를 다시 한 번 눈에 담아 보았다.

9. 카르무 광장 - 카네이션 혁명

20세기의 포르투갈은 그야말로 격변의 시기였다. 오랜 왕정체제가 무너지고 새롭게 들어선 공화정은 군부의 쿠데타가 이어지면서 대혼란을 가져왔다. 그리고 포르투갈은 제2공화국이 시작되면서 카네이션 혁명으로 자유를 되찾기까지 오랜 독재정권의 시기를 겪어야 했다. 1933년에서 1974년에 걸친 포르투갈 제2공화국은 '새로운 국가'라는 뜻의 이스타두 노부Estado Novo라고 불렸다. 코임브라 대학의 경제학 교수 출신인 안토니우 드 올리베이라 살라자르António de Oliveira Salazar가 수상이 되면서 독재정치가 시작되었다.

살라자르 정권은 이탈리아의 파시스트, 독일의 나치, 스페인의 프랑코 군사정권과 비슷한 점이 많았다. 당시 급속도로 퍼지던 공산주의를 배격하고 가톨릭 종교를 중심으로 정당이 아닌 조합들의 연합으로 독재정치의 발판을 마련했다. 경제적으로는 농업을 권장해서 산업기반 시설을 퇴조시켰고 마지막까지 식민지를 고수함으로써 국력을 낭비했다. 또한 비밀경찰을 이용해 국민의 자유를 억압하는 권위적인 국가체제를 유지하였다. 그 결과 포르투갈은 유럽에서 가장 낙후된 나라로 전락하고 말았다. 그래서 살라자르 총리가 갑자기 뇌출혈로 자리에서 물러났을 때 포르투갈 국민들은 독재정치가 끝나고 체제의 변화가 올 것이라고 기대했다. 하지만 뒤를 이어 마르셀루 카에타누^{Marcelo José das Caetano}가 집권하여 '이스타두 노부'를 그대로 계승하자 불만은 극에 달했다.

1974년 4월 25일은 포르투갈의 현대사에서 큰 획을 그은 날이다. 드디어 오래 지속되어 왔던 이스타두 노부 정권이 종식된 날이기 때문이다. 오늘날에는 혁명의 날을 기리기 위해 '4월 25일 혁명^{Revolução de 25 de Abril}'이라고 부르지만 '카네이션 혁명^{Revolução dos Cravos}'이라는 이름으로 더 잘 알려져 있다. 이는 시민의 지지를 받아 일어난 무혈 군사 쿠데타로, 시민들이 군인들에게 카네이션을 달아준 데서 유래되었다. 그리고 군인들은 총구에 카네이션을 꽂아 화답했다.

혁명 당시 카르무 광장에 모여든 시민들 ⓒ

우리는 이스타두 노부의 종식과 카네이션 혁명이 일어났던 현장을 보기 위해 카르무 광장으로 갔다. 카르무 광장Largo do Carmo에는 리스본 대지진의 흔적이 남아있는 카르무 수도원 성당이 있는 곳이다. 성당 앞에는 가로수가 줄지어 서 있고 광장 한가운데에는 바로크 양식의 카르무 분수대Chafariz do Carmo도 있어 지나는 행인들의 쉼터가 되어 준다. 그런데 이런 아담한 광장이 혁명의 중요한 공간이었다니 놀라지 않을 수 없었다.

1974년 4월 25일 독재정치에 반대하는 무혈혁명이 절정에 치달았을 때 포르투갈 시민의 눈과 귀는 모두 카르무 광장으로 집중되었다. 당시 수도원 북쪽에는 국립 공화국 수비대Guarda Nacional Republicana 본부가 들어서 있었는데, 그곳에 정권의 수장인 마르셀루 카에타누 수상이 피신해 있었기 때문이다. 이윽고 그를 쫓아온 혁명군과 함께 시민들은 카르무 광장을 가득 채웠다. 결국 카에타누는 카르무 광장에서 항복했고 마침내 이스타두 노부 정권은 무너졌다. 이날 혁명군을 이끌었던 살게이루 마이아Salgueiro Maia 대위는 승리를 상징하는 아이콘이 되었다. 카르무 광장에는 마이아 대위에게 바치는 원형 석조마크가 바닥에 표시되어 있다.

혁명 당시의 사진을 통해 카르무 광장을 가득 메운 시민들과 군인들의 모습을 보면 민주화에 대한 열망이 얼마나 대단했는지 알 수 있다. 그렇지만 그날의 혁명 이후 포르투갈이 자유와 평등의 안정적인 사회로 이어진 것은 아니었다. 그 후로도 포르투갈은 심각한 사회적 갈등과 경제적 어려움에 봉착했다. 하지만 시민들의 힘으로 되찾은 자유의 혁명이 없었다면 포르투갈의 현재는 오지 않았을 것이다. 그것이 혁명이 뿌린 '씨앗의 힘'일 것이다.

살게이루 마이아 대위 ⓒ

　카르무 광장 한가운데에 서 보았다. 혁명의 현장이었지만 오늘날에는
한적하고 여유로운 모습이었다. 카에타누 수상이 피신했던 GNR 본부
는 현재 GNR 박물관Museu da Guarda Nacional Republicana으로 바뀌었다. 입구를 지
키는 포르투갈 근위병은 멋진 포즈로 여행자들의 눈길을 끌고 있었다.
박물관에는 포르투갈의 국방을 지켜온 국가 근위병의 역사를 전시해 놓
았는데, 초대 근위병으로 카르무 수도원을 지은 누누 알바르스 페레이
라에서부터 4월 25일 혁명의 날에 총구에 꽂혀 있던 카네이션까지 볼
수 있었다.

우리가 기다려 온 새벽이다
오늘은 처음으로 완전하고 깨끗한 날
우리가 어둠과 침묵에서 벗어나는 날
그리고 우리가 자유의 시간을 맞이하는 날

- 소피아 안드레센, <4월 25일>[21]

  포르투갈의 시인인 소피아 드 멜루 브레이너 안드레센Sophia de Mello Breyner Andresen의 시이다. 포르투갈어권의 최고 문학상인 카몽이스 상Prémio Camões 을 받은 최초의 여성작가이다. 그녀는 누구보다도 1974년 4월 25일에 있었던 혁명에 뜨겁게 반응한 시인이었다. 그녀는 혁명에 대한 인터뷰에서 다음과 같이 말했다.

  4월 25일에는 특별한 시적 순간이 있었습니다. … 경찰도 없고 폭력도 없는 리스본을 기억한다는 것은 의심의 여지가 없었습니다. 우리가 만난 모든 사람들이 웃고 있었습니다. 호시우에서 한 무리의 사람들이 지나가는 것을 본 기억이 납니다. 무용수들이나 갈매기 떼처럼 보였고 광장 한쪽에서 다른 곳으로 건너가고 있었습니다. 사람들의 머리 위에서 춤추던 깃발, 표정과 몸짓, 목소리를 기억합니다. 그리고 이 모든 것은 정말 아름답고 특별한 시적 순간이었고 마치 다른 행성에 있는 것 같았습니다.

  - 소피아 안드레센, 마리아 아르만다 파수스Maria Armanda Passos와의 인터뷰[22]

---

21 소피아 드 멜루 브레이너 안드레센, 《사물의 이름(O Nome das Coisas)》, 1977
작가에 대한 자세한 내용은 포르투갈 국립디지털도서관 https://purl.pt/19841/1/
22 위과 동일

리스본에는 혁명을 기리는 기념물들을 많이 찾아볼 수 있다. 1997년에는 조각가 주앙 쿠틸레이루$^{João\ Cutileiro}$의 '4.25일 혁명 기념물$^{Monumento\ ao\ 25\ de\ Abril}$'이 에두아르두 7세 공원에 세워졌다. 대리석 오벨리스크는 '혁명의 힘'을, 무너지고 파괴된 기단은 '이스타두 노부의 몰락'을 상징한다.

무엇보다 혁명의 정신을 기억하기 위한 가장 상징적인 기념물이라면 단연 4.25 다리일 것이다. 1966년에 완공된 이 다리는 '살라자르 다리$^{Ponte\ Salazar}$'로 명명되었지만 혁명 이후 '4.25 다리$^{Ponte\ 25\ de\ Abril}$'로 개명되었다. 리스본 도시 어느 곳에서나 볼 수 있는 4.25 다리는 시민들의 힘으로 되찾은 자유에 보내는 찬사이다.

테주 강 위로 석양이 지면 4.25 다리를 사진에 담기 위해 많은 여행객들이 카메라의 셔터를 누르느라 분주하다. 아마 그들도 저 다리 이름에 무슨 의미가 있는지 궁금할 것이다. 그래도 4.25 다리는 그저 묵묵히 자유와 혁명의 의미를 담고 테주 강 위해 서 있다. 카네이션의 붉은 상징을 말없이 전하려는 듯 리스본을 찾는 전 세계 모든 이들을 향하여 우뚝 서 있다.

> 과거에 대한 침묵의 증인인 역사적 장소들로 하여금 말할 수 있도록 하기 위해서는 그 장소와 관련된 이야기가 거리 산책자에 의해 생생하게 환기되어야 한다.[23]

---

23 윤미애, 《발터 벤야민과 도시산책자의 사유》, 문학동네, 2020

크리스투 헤이에서 바라본 4.25 다리

4.25 다리와 함께 하는 시민들

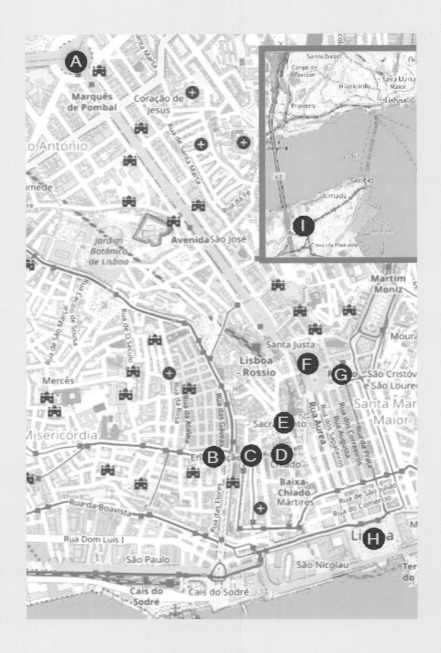

리스본 도심 지도

PART 1 리스본에서 만난 광장과 조각상

PART 2　리스본에서 만난 성당

놀란 시선으로 보니 눈앞에 성당 광장이 있었다. 기막히게 아름답고 대담한 건축학적인 하나의 그림이었다. 조그만 광장의 위에는 성당의 정면이 흐릿한 빛을 내며 놀랄 만치 균형 있고 흡족하게 우뚝 솟아 있었다. 커다란 정면 입구 위에는 불분명한 조각품과 아름답고 거대한 장미꽃 모양의 창이 있었다. … 그럼에도 모든 것은 아름다웠고 감각과 절도로 가득 차 있었다. 거의 깜짝 놀랄 듯한 첫 인상은 좀 더 부드럽고 약해졌고, 온갖 급작스런 충격이 가라앉자 그 첫 인상은 내 마음속에 순수하고 즐겁게 계속 울렸다.

– 헤르만 헤세, 《헤세의 여행》

1. 이스트렐라 대성당 - 대성당과 돔

우리가 리스본에서 처음 만난 성당은 '별'이란 이름을 가지고 있는 이스트렐라 대성당Basílica da Estrela이었다. 성당의 맞은편에는 유서깊은 이스트렐라 정원도 있고 이스트렐라 광장, 이스트렐라 거리 등 성당 주변은 모두 '별'들의 세상이었다.

이스트렐라 거리에는 리스본의 역사적인 명물인 28번 트램이 지나다닌다. 가까운 캄푸 드 오리크에서 출발하는 28번 트램은 시내를 통과해 알파마 언덕까지 올라간다. 주제 사라마구의 소설에는 페소아가 묻힌 프라제르스 묘역으로 가기 위해 히카르두 헤이스가 트램을 타는 장면이 있다.

> 전차가 다가온다. 밝게 켜진 판에는 목적지가 이스트렐라로 적혀 있다. 공교롭게도 정거장이 바로 여기다. … 히카르두 헤이스는 전차에 오른다. 이런 시각에 전차는 사실상 텅 비어 있다. 핑핑, 차장이 종을 울린다.
>
> -주제 사라마구, 《히카르두 헤이스가 죽은 해》

이스트렐라 정원에서 바라본 이스트렐라 대성당

이스트렐라 정원을 산책하다가 남쪽 문에 다다랐을 때 눈앞에 순백의 대성당이 나타났다. 잠시 멈춰 서서 웅장한 분위기를 자아내는 대성당을 바라보았다. 위를 올려다보니 파란 가을 하늘 아래 쌍둥이 종탑이 높이 솟아 있었다. 정면의 파사드에는 삼각 페디먼트[24]를 중심으로 아래쪽의 코린트식 기둥과 위쪽의 조각상들이 어우러져 있었다. 이러한 파사드의 구조는 포르투갈의 제2 궁전이자 신고전주의 양식으로 유명한 마프라 궁전^{Palácio Nacional de Mafra} 수도원의 중앙 부분과 매우 닮았다. 이는 이스트렐라 대성당을 지을 때 마프라 궁전 수도원 건설에 참여했던 건축가들과 제자들이 대거 참여했기 때문이다.

---

24 페디먼트(pediment)는 고전 건축의 박공장식(지붕 마감장식)으로 건물의 정면 상단에 있는 삼각형 부분이다.

이스트렐라 대성당은 최초의 예수 성심 성당으로 위쪽에 '성심' 부조가 뚜렷하게 보였다. 네 개의 기둥 위에는 여인들의 조각상이 눈에 띄었는데, 이는 각각 네 가지 미덕인 믿음, 헌신, 감사, 관대함을 상징하고 있다. 그리고 양쪽 벽감에 조각된 인물은 모두 카르멜 수녀회Convento de Carmelitas와 관련된 네 명의 성인들이었다. 위에는 엘리야 예언자Santo Elias와 십자가의 성 요한São João da Cruz이고, 아래에 보이는 성인은 아빌라의 성 테레사Santa Teresa de Ávila와 파찌의 성녀 마리아 막달레나Santa Maria Madalena de Passi이다. 조각상들은 무척이나 섬세하고 아름다웠는데, 이는 포르투갈의 유명한 조각가인 조아킹 마차두 드 카스트루Joaquim Machado de Castro의 작품이다. 그는 테헤이루 두 파수 광장에서 보았던 주제 1세 기마상을 만든 조각가이다. 이렇게 파사드를 살펴보는 것만으로도 이스트렐라 대성당이 카르멜 수녀회의 소속이자 예수 성심 성당이라는 걸 알 수 있었다.[25]

이스트렐라 대성당 안으로 들어갔다. 내부는 반원형의 천장에 단일한 네이브[26]로 되어 있고, 벽면을 가득 채운 삼색의 중후한 대리석이 전체적으로 웅장한 느낌을 주었다. 성당은 트랜셉트[27]가 있는 라틴크로스 평면구조였으며 제단이 매우 화려해 보였다. 그리고 네이브 양쪽 벽면으로는 모두 여섯 개의 카펠라가 있었다. 그 내부에는 거대한 성화가 걸려 있었는데 각각 성인을 상징하는 이미지가 형상화되어 있었다. 또한 성당을 건설한 마리아 1세 여왕의 무덤도 제단 옆에 놓여 있었다.

---

25 리스본에서 만난 가톨릭 성당과 관련된 용어는 포르투갈어로 표기하였고 번역하여 쓸 때는 되도록 가톨릭 용어를 사용하였다.

26 네이브(nave)는 중앙회랑에 해당하는 중심부로서 교회 내부에서 가장 넓은 부분이다. 보통 회중석이나 신자석이 있는 부분을 말한다.

27 트랜셉트(transept)란 라틴크로스(십자형) 교회에서 평면도상 가로축에 해당하는 부분이다.

이스트렐라 대성당의 내부

이스트렐라 대성당은 마리아 1세Maria I가 지어 봉헌한 성당이다. 리스본 대지진을 수습한 주제 1세의 딸이자 포르투갈 최초의 여왕이다. 왕위를 계승할 아들을 소원했던 마리아 1세는 어렵게 잉태를 하게 되었고 그 보답으로 성당을 건축하였다. 하지만 어렵게 낳은 아들마저 후에 천연두로 잃고 말았다.

그때 성당 앞쪽에 있는 거대한 돔을 통해 한 줄기 햇살이 내려와 성당 안을 밝게 비추었다. 마치 그 빛을 따라 천상으로 이끌려 올라갈 것만 같았다. 그 빛은 성당 안으로 내려와 무릎을 꿇고 기도하는 사람들을 고요히 비춰 주었다. 그순간 우리는 종교적 건축물이 자아내는 신비롭고 아름다운 정경에 감탄하지 않을 수 없었다. 세속적인 바깥 세상과는 달리 이곳에는 신성함과 숭고함으로 가득 차 있었다.

신비로움의 비밀은 바로 대성당의 돔에 있었다. 원래 건축에 있어 돔 Dome은 오래전부터 존재해 왔다. 그렇지만 돔이 서유럽 성당 건축에 본격적으로 접목된 것은 르네상스 이후부터였다.[28] 널리 알려진 피렌체 대성당의 돔과 성 베드로 대성당의 돔이 바로 이 시기의 건축물이다. 중세 시대까지의 성당이 스테인드글라스의 빛을 통해 어두운 성당을 밝혔다면, 돔이 건축된 이후에는 돔을 둘러싼 창문과 고측창으로 빛이 들어와 성당을 밝혔다. 그리고 내부는 성화와 조각상 등 여러 장식물들로 인해 화려하게 변모되었다.

---

28 로마네스크나 고딕 양식과 구별되는 르네상스 돔의 구조는 네 부분으로 이루어져 있다. 돔(반원형 지붕), 드럼(돔 아래의 원통형 틀), 펜던티브(돔을 받치는 역삼각형의 받침) 및 배럴볼트(반원형 아치 지붕)의 조합으로 되어 있다.

우리는 이스트렐라 대성당의 돔을 보기 위해서 본당을 나왔다. 현관
Narthex을 둘러보니 복도 한쪽 끝에 옥상으로 올라가는 계단이 보였다. 좁
은 계단을 돌고 돌아 옥상으로 올라가니 거리에서 보았던 대성당의 종
탑과 거대한 돔이 나타났다.

이스트렐라 대성당의 돔

돔의 내부로 들어가자마자 난간 위로는 둥근 돔이, 아래로는 성당 내
부가 보였다. 여러 색상의 대리석으로 조각된 거대한 돔 안에 서서 우리
는 그 크기와 아름다움에 압도되고 말았다. 그리고 돔 아래의 여러 창에
서 들어오는 강렬한 빛은 아래에 있는 성당 내부를 가득 채우고 있었다.

그 빛을 따라 성당 안을 내려다보았다. 전체적인 구조가 한눈에 들어와 라틴크로스의 성당 구조를 눈으로 확인할 수 있었다. 우리는 돔을 한 바퀴를 돌며 제단과 신자석 등 성당의 내부를 찬찬히 살펴보았다. 위에서 조망해 보니 성당의 건축 기술이 얼마나 뛰어난지 실감할 수 있었다.

돔을 나오자 대성당 꼭대기의 두 종탑이 보였다. 눈부시게 파란 하늘 아래 종탑은 더욱 하얗게 보였고 십자가는 선명했다. 우리는 좀 더 머물고 싶어서 따가운 햇살을 피해 대성당의 돔이 드리운 그늘에 잠시 앉았다. 멀리 테주 강에서 한 줄기 시원한 바람이 불어왔다. 그 바람이 대성당의 감동으로 가득 찬 우리의 마음을 더욱 일렁이게 했다.

돔의 모습(좌), 돔에서 내려다 본 제단(우)

문득 파스칼 메르시어의 소설 《리스본행 야간열차》에 나오는 프라두의 말이 떠올랐다. "대성당이 없는 세상에서는 살고 싶지 않다." 그가 힘주어 말하던 구절이 마음 속에서 계속 메아리쳐 울렸다. 그러자 우리도 저 아래 속세로부터 멀리 떨어진 이곳에서 좀 더 머물고 싶어졌다. 리스본의 태양이 조금씩 기울어지는 동안에도 우리는 하염없이 대성당의 돔에 기대어 테주 강을 바라보고 있었다.

　　난 대성당이 없는 세상에서는 살고 싶지 않다. 이 세상의 범속함에 맞설 대성당의 아름다움과 고상함이 필요하니까. 반짝이는 교회의 유리창을 올려다보며 그 천상의 색에 눈이 부시고 싶다. … 난 기도하는 사람들을 사랑한다. 천박함과 경솔함이라는 치명적인 독에 대항하기 위해 기도하는 사람들의 모습이 필요하니까. …

　　난 대성당이 없는 세상에서 살고 싶지 않다. 유리창의 반짝임과 서늘한 고요함과 명령을 내리는 듯한 정적이, 오르간의 물결과 기도하는 사람들의 성스러운 미사가, 말씀의 신성함과 위대한 시의 숭고함이 필요하니까.

　　- 파스칼 메르시어, 《리스본행 야간열차》

이스트렐라 대성당의 파사드

2. 산타 이자벨 성당 - 성당과 천장화

　하투Rato 지역은 캄푸 드 오리크Campo de Ourique, 이스트렐라 지역, 그리고 프린시프 히알 지역에 접해 있는 곳이다. 리스본의 각 방면으로 이어지는 버스와 지하철 노선이 로터리를 중심으로 모여 있어 혼잡할 때도 있다. 그래도 관광객이 북적이는 지역과는 달리 하투 지역은 리스본 사람들이 일상을 이어가는 평범한 동네이다. 그래서 어느 날 우연히 산타 이자벨 성당Igreja de Santa Isabel을 만났을 때도 우리는 동네의 작은 성당이라고만 생각했다. 그런데 예상과는 달리 이스트렐라 대성당과 함께 이 지역을 대표하는 유서 깊은 성당이었다.

　성당을 찾아갔을 때 아담한 앞마당에는 올리브 나무 하나가 다소곳한 그늘을 만들고 있었다. 성당을 언뜻 바라보니 양쪽으로는 종탑이 있고 가운데에 삼각 페디먼트가 있는 것으로 보아 전형적인 신고전주의 양식의 성당이었다. 파사드는 여섯 개의 벽기둥pilaster으로 마감되어 있었다. 자세히 살펴보니 상단에는 독특하게도 세 개의 커다란 격자무늬 유리창이 있고, 하단에는 성인 이자벨을 형상화한 듯한 작은 석상이 장식되어 있었다. 그런데 보통 장미창이나 스테인드글라스가 있어야 할 자리에 단순하게 투명 유리창이 보여서 조금은 평범하게 느껴졌다. 성당의 역사를 살펴보니 1742년에 건축을 시작했지만 얼마 후 리스본 대지진의 피해를 입었다고 한다. 이후 폼발린^{Pombaline} 양식의 건물로 재건되면서 신고전주의 양식을 띈 성당이 되었다.

산타 이자벨 성당의 파사드

성당을 처음 찾아간 날은 마침 일요일이라 성당의 문은 활짝 열려 있었다. 그래도 아직 이른 시간이라 그런지 오가는 사람이 없어 조용했고 제단에서 미사를 준비하는 사람만이 바삐 움직이고 있었다. 성당 내부도 신고전주의 양식을 띠고 있었는데 직사각형의 평면에 단일한 네이브로 구성되어 있었다. 제단과 앱스 부분을 좀 더 자세히 보고 싶어 자리에 가 앉았다. 그 순간 비로소 아치형의 천장화가 눈에 들어왔다.

우리는 순간 놀라움으로 멈칫했다. 보통 성당의 천장에는 성화가 그려져 있는데, 산타 이자벨 성당의 천장에는 '하늘'이 그려져 있었다. 마치 성당의 지붕이 열려 실제 하늘을 보고 있는 듯한 기분이 들었다. 그런데 새파란 하늘이 아니라 구름으로 덮힌 하늘이었다.

우리는 구름으로 가득한 천장화를 좀 더 자세히 바라보았다. 오랫동안 바라보니 어둡게만 보이던 하늘 속에서 조금이나마 붉은색과 파란색을 찾아낼 수 있었다. 태양이 구름 뒤에 있을 것만 같은 희미한 붉은색, 그리고 구름이 금방이라도 걷힐 것만 같은 옅은 파란색이 자리하고 있었다. 그래서 지금은 흐린 하늘이지만 금세 화창해질 거라고 기대하게 만드는 그런 하늘이었다. 천장 아래에 있는 고측창^{Clerestory}에서 빛이 들어오자 천장화는 점차 신비로운 이미지로 변해갔다.

그 후로도 성당의 천장화가 자꾸만 떠올라 몇 번 더 찾아갔지만 그때마다 성당 문은 닫혀 있었다. 그리고 일주일이 지나 다음 일요일이 되어서야 다시 성당에 들어갈 수 있었다. 이번에는 제일 먼저 그동안 보고 싶었던 천장화를 보기 위해 얼른 자리에 앉았다. 처음 보았을 때의 낯선 느낌은 사라졌지만 '하늘'이 그려진 천장화로 성당의 분위기가 얼마나 달라질 수 있는지 새삼 느낄 수 있었다. 오롯이 신성한 공간에 들어와 있다는 아늑함이 느껴져 한참동안 앉아 있었다. 성당을 나오다가 입구에서 한 노인과 마주쳤다. 성당을 방문한 낯선 여행자에게 미소로 인사를 건네주었다. 산타 이자벨 성당이 따뜻한 기억으로 남는 순간이었다.

산타 이자벨 성당의 '하늘' 천장화

산타 이자벨 성당의 천장화는 스위스의 화가 마이클 비버슈타인[Michael Biberstein]이 담당하였다. 그는 주로 하늘 그림을 그려왔던 화가로 하늘 너머 우주의 신비롭고 숭고한 이미지를 추구해 왔다. 그런데 천장화를 완성하기 전 2013년에 마이클 비버슈타인이 갑자기 뇌졸중으로 사망하고 말았다. 그의 사망으로 천장화 복원은 한때 어려움에 처했지만 '마이클 비버슈타인을 위한 하늘[A Sky for Michael Biberstein]'이라는 기금 행사와 후원으로 2016년에 천장화는 완성되었다. 2020년에는 포르투갈 문화유산 복원 프로젝트 상[Vilalva Award]을 받았고 그해 10월 산타 이자벨 성당에서 열린 수상식에는 포르투갈 대통령까지 참석해 축하해 주었다고 한다.

마이클 비버슈타인은 천장화 프로젝트가 어려움을 겪고 있을 때 스스로 기금을 모으러 다니고 자신의 재능도 기부하였다는데, 천장화가 완성되었다는 소식을 듣는다면 분명 하늘나라에서 기뻐했을 것 같았다. 언젠가 다시 리스본을 방문한다면 산타 이자벨 성당을 찾아가 하늘 천장화가 빚어내던 평화롭고 고요한 시간을 다시 한 번 누릴 수 있기를 소망해 본다.

산타 이자벨 성당 앞의 올리브 나무

리스본의 산타 이자벨 성당은 어두운 상자 안에 보관된 보석과도
같습니다. … 내 목표는 건축 프로젝트의 원래 의도를 완성하는 것
입니다. 그것은 숨막히는 회색 망토를 열린 하늘로 대체하는 것입
니다. 공간은 훨씬 더 친근하고 강해지며 더욱 명상에 빠져들게 할
것입니다. 현재의 황량하고 차가운 덮개 대신에 하늘로 향한 환희
의 문이 열릴 것입니다.

- 마이클 비버슈타인, <산타 이자벨을 위한 하늘>[29]

---

29 마이클 비버슈타인의 예술 프로젝트를 기반으로 한 '산타 이자벨 성당 천장 그림'에서 인용
http://ceusantaisabel.blogspot.com/p/tutu.html

3. 시아두의 두 성당 - 옛 성벽이 있던 자리

    리스본에서 가장 널리 알려진 시아두 지역에는 카몽이스 광장과 시아두 광장이 서로 마주 보고 있다. 이곳을 자주 오가는 동안 우리는 흥미로운 사실을 하나 발견했다. 두 광장 사이에 놓인 도로에서 미제리코르디아 거리Rua da Misericórdia와 알레크링 거리Rua do Alecrim가 서로 만난다는 것이다. 사실 두 거리는 북쪽의 바이후 알투 지역에서 내려와 남쪽의 테주 강 방면으로 이어지는 하나의 직선 도로이다. 그런데 이 두 광장 앞에서 이름을 나누어 부르고 있었다. 또 시아두 광장을 사이에 두고 서로 마주 보고 있는 성당도 항상 궁금했다. 두 개의 성당이 이렇게 가까이 붙어 있는 것도 흔하지 않은데 성당의 정문이 서로 마주 보고 놓여 있는 것도 매우 드문 일이기 때문이다. 그런데 우연히 지도를 통해 이 주변에 옛 성벽이 있었다는 걸 알게 되었다. 그리고 마주보고 있는 두 성당의 역사에 대해서도 알게 되었다. 잠시 리스본의 옛 역사로 돌아가 보자.

리스본의 옛 성벽 지도 ⓒ

　12세기 포르투갈의 선조들이 무어인으로부터 도시를 탈환했을 때 시아두 지역은 리스본 성의 바깥에 있었다. 그리고 14세기 카스티야의 공격을 받은 직후 새로운 성벽을 짓고 나서야 성 안에 포함될 수 있었다. 이때 만들어진 성벽이 바로 페르난디나 성벽Cerca Fernandina이다. 성벽은 더 넓어졌고 많은 성문과 첨탑이 건설되었는데, 그중 서쪽 지역에 주요 성문인 포르타스 드 산타 카타리나Portas de Santa Catarina가 세워졌다. 옛 지도를 보면 서쪽 성벽은 북쪽의 바이후 알투 지역에서 남쪽의 테주 강까지 직선으로 이어져 있다. 그래서 혹시 우리가 걸어온 알레크링 거리와 미제리코르디아 거리로 이어지는 직선도로가 당시의 성벽 자리가 아닐까 짐작해 보았다. 하지만 지도를 보니 옛 성벽은 도로에서 가헤트 거리 쪽으로 더 들어가 있었다. 두 성당은 성 밖에 위치해 있고 가까이에는 포르타스 드 산타 카타리나가 있었다. 18세기 초에는 성문을 헐고 그 자리에 넓은 광장을 조성하였는데 '두 성당의 광장'이라고 불렀다. 오늘날에는 '시아두 광장'이라고 부르고 있는 바로 이곳이다.

테주 강 쪽에 위치한 잉카르나상 성모 성당

먼저 남쪽 테주 강 쪽에 위치한 성당으로 발걸음을 옮겼다. 이곳은 잉카르나상 성모 성당Igreja de Nossa Senhora da Encarnação으로 '강생의 성모 성당'이라는 뜻이다.[30] 성당은 1706년에 건축되었으나 리스본 대지진으로 무너졌고 이후 폼발린 양식으로 복원되어 1875년에 완성되었다. 파사드가 북쪽 광장을 향해 있는데 사실 정문이 북쪽으로 나 있는 성당은 흔치 않다. 성당은 보통 서쪽이나 남쪽을 향하고 있기 때문이다.

성당의 파사드를 올려다보니 삼각 페디먼트로 장식되어 있는 것으로 보아 전형적인 신고전주의 양식으로 지어졌음을 알 수 있었다. 양쪽에는 세 개씩 총 여섯 개의 코린트식 벽기둥이 길게 세워져 있었고 그 사이로 세 개의 정문이 보였다. 그중 가운데에는 수태고지를 표현한 부조

30 강생(Encarnação)은 '하느님께서 사람이 되어 우리 가운데 계시다'는 뜻의 가톨릭 용어이다.

가 장식되어 있었다. 파사드 양쪽으로 움푹 들어간 벽감에는 조각상이 보였는데, 산타 카타리나^{Santa Catarina} 동상과 로레토 성모상^{Nossa Senhora do Loreto}이었다. 두 석상은 원래 포르타스 드 산타 카타리나를 장식했던 조각상이었는데, 성문이 철거될 때 옮겨와 성당 파사드에 장식된 것이다. 조각상은 꽤 오래된 석상으로 주변의 재료와 확연히 달라보였다. 이렇게 잉카르나상 성모 성당에는 옛 성벽의 흔적이 고스란히 남아 있었다.

우리는 중앙의 정문을 통해 본당으로 들어갔다. 천장은 배럴볼트에 단일한 네이브였으며 트랜셉트가 없는 직사각형 구조로 되어 있었다. 성당의 분위기는 전체적으로 화사하고 아늑해 보였는데 노란색과 회색을 주조로 조화를 이루고 있었다. 기하학적 무늬로 나누어진 곳에는 성화와 천장화가 그려져 있고 고측창 옆으로는 성인들의 모습이 그려져 있었다. 특별히 제단에 있는 잉카르나상 성모 조각상이 눈에 띄었는데, 앞서 테헤이루 두 파수의 주제 1세 기마상을 만든 조각가 조아킹 마차두 드 카스트루의 작품이었다. 잠시 성당의 자리에 앉으니 시아두 지역의 혼잡함과 다르게 고요했다. 이렇게 도시 속 종교 사원은 바쁘게 돌아가는 세상의 분주함에서 잠시나마 벗어나게 해 준다. 그리고 우리와 같은 낯선 여행자에게도 편안한 자리를 내어 주었다.

잉카르나상 성모 성당을 나와 이번에는 맞은편 성당으로 향했다. 이 성당의 이름은 '이탈리아의 로레토 성모 성당^{Igreja de Nossa Senhora do Loreto dos Italianos}'이었다. 방금 본 성당과는 반대로 정문이 남쪽에 있는 테주 강을 바라보고 있다. 성당은 테주 강 쪽으로 약간 기울어지는 지형과 수평을 맞추기 위해 계단을 만들어 정문으로 들어가게 되어 있었다.

잉카르나상 성모 성당의 내부

성당의 파사드를 올려다 보니 꼭대기에는 로레토 성모상이 있고 벽감에는 성 베드로와 성 바울의 석상이 보였다. 양쪽에는 둥근 기둥이 하나씩 세워져 있고 그 위에는 천사들이 문장Coat of Arms 하나를 감싸고 있었다. 이 문장은 이탈리아 바로크 건축으로 유명한 프란체스코 보로미니Francesco Borromini가 디자인한 교황의 문장으로, 이는 리스본 교구 소속이 아니라 로마 교황청 직속 성당이라는 걸 말해주고 있었다. 이제야 두 성당이 마주보고 가까이 있는 이유를 알 것 같았다. 두 성당은 소속이 각각 달랐던 것이다.

로레토 성모 성당의 기원은 오래 전 13세기 초까지 거슬러 올라간다. 당시 이 지역에 정착했던 베네치아와 제노바 상인들에 의해 세워져 초기에는 '이탈리아인의 성당'으로 알려졌다. 1550년경에는 페르난디나 성벽 밖에 성당을 새로 지어 확장하면서 로레토 성모에게 봉헌되었다. 그러나 리스본 대지진 때 큰 피해를 입었고 이후 복원을 통해 오늘에 이르고 있었다. 성당 복원의 설계는 포르투갈의 건축가 주제 다 코스타 이 실바José da Costa e Silva가 맡았는데, 상 카를루스 국립극장Teatro Nacional de São Carlos 을 지은 건축가이다.

성당의 외관을 한참 보고난 후에야 성당 안으로 들어갔다. 내부는 신고전주의 양식의 기품 있고 화려한 분위기였다. 이 성당도 배럴볼트 천장에 트랜셉트가 없는 직사각형 구조로 되어 있었다. 맞은편 잉카르나상 성모 성당보다 다채로워 보이는 건 분홍색을 주조로 여러 색감이 어우러지고 황금 장식까지 더해졌기 때문인 듯했다. 천장에는 둥근 메달리온 조명이 달려 있었는데, 이 후광은 웅장한 프레스코화를 감싸고 있었다.

로레토 성모 성당의 내부

　성당의 메인 제단에는 짙은 삼나무로 조각된 로레토의 성모상이 눈에
띄었다. 양쪽 카펠라에는 성 세례자 요한을 비롯해 이탈리아 도시의 수
호성인 열두 명을 그린 성화[31]가 있었는데 무척 뛰어난 예술작품들이었
다. 그리고 각 카펠라 위로는 예수의 열두 제자들도 보였다. 부조로 된 조
각처럼 보였는데 자세히 보니 그림이었다. 그만큼 매우 입체적이고 사
실적이었다. 다시 중앙으로 돌아온 우리는 성당 전체를 천천히 둘러보
았다. 건축, 조각, 회화가 어우러진 성당은 매우 아름다웠다. 예술이 존
재해야 하는 이유가 바로 여기에 있는 것이 아닐까 하는 생각이 들었다.

31　성 세례자 요한, 제노바의 성 카타리나, 성 카를로스 보로메우, 아시시의 성 프란체스코, 파
울라의 성 프란치스, 카르멜 성모, 성 안토니오, 성 미구엘 천사 등은 각각 제노바, 토리노, 피렌
체, 밀라노, 나폴리 등 이탈리아의 대표적인 도시들을 수호하는 성인들이다.

로레토 성모 성당을 나와 맞은편의 잉카르나상 성모 성당과 시아두 광장을 바라보았다. 이 자리에 서니 두 거리의 이름이 바뀌는 걸 확실히 눈으로 알 수 있었다. 남쪽에 있는 잉카르나상 성모 성당 옆의 도로가 알레크링거리이고 위쪽에 있는 로레토 성모 성당 옆을 지나는 도로가 미제리코르디아 거리였다.

시아두 광장으로 내려와 두 성당을 바라보았다. 이백 년 가까운 시간이 흘렀어도 옛 흔적을 고스란히 간직하고 있는 두 성당이야말로 옛 리스본과 오늘날의 리스본을 모두 기억하고 있는 건축물이라는 생각이 들었다. 오랜 시간이 지나 '두 성당의 광장'이라는 이름이 '시아두 광장'으로 바뀌었어도 두 성당과 광장의 모습은 크게 변하지 않은 것 같다. 이렇게 두 성당과 옛 성벽이 있던 자리를 통해 시아두의 역사에 대해 자세히 알게 되었다. 두 성당은 역사적, 지형적, 문화적으로 리스본의 많은 이야기를 품고 있었다. 이 도로와 주변에 대한 궁금증이 풀리고 나니 예전과는 다르게 리스본의 거리와 많이 친해진 듯한 기분이 들었다. 이제 테주 강으로 가기 위해 발길을 돌려 알렝크링 거리를 따라 내려갔다.

로레토 성모 성당의 천장화

이탈리아 수호성인(아래)과 열두 제자(위)의 그림

4. 마르티르스 성모 대성당 - 리스본 탈환의 역사

시아두 지역에서 반드시 보아야 할 중요한 성당이 하나 더 있다. 성당으로 가기 위해 가헤트 거리에 들어서자 카페 브라질레이라 앞에 있는 페소아의 동상이 눈에 들어왔다. 그리고 얼마 안 가서 페소아가 세례를 받았던 마르티르스 성모 대성당Basílica de Nossa Senhora dos Mártires이 보였다. 오늘 우리가 만나러 온 성당이다. 그러고 보니 이런 번화한 거리에 성당이 우뚝 서 있는 게 좀 독특하게 느껴졌다. 하지만 예전에는 큰 성당을 중심으로 그 지역이 번화했다는 사실을 떠올리니 고개가 끄덕여졌다. 잠시 성당 맞은편으로 가서 정면을 살펴보았다.

성당의 파사드는 돌출된 처마 장식으로 위아래가 나누어져 있었는데, 위쪽 파사드에는 세 개의 유리창이 있고 꼭대기에는 삼각 페디먼트로 마감되어 있었다. 아래쪽에는 중앙의 정문 위로 그 유명한 부조가 보였다. 거기에는 리스본을 정복한 아폰수 1세D. Afonso Henriques와 리스본 수복을 도와준 십자군의 전설적인 인물 '장검의 길에르므Guilherme da Longa Espada'가 성모 마리아에게 리스본 탈환을 감사드리는 장면이 묘사되어 있었다.

원형 부조에서 알 수 있듯이 이 성당은 리스본 탈환의 역사와 함께 한다. 마르티르스 성모 대성당은 12세기 무어인으로부터 리스본을 탈환하기 위해 싸운 전투^{Cerco de Lisboa}에서 사망한 십자군의 무덤 위에 세워졌다. 그래서 성당의 이름은 '순교자'를 나타내는 마르티르스^{Martires} 대성당이 되었다. 또한 리스본에 세워진 최초의 기독교 성당이자 최초로 세례가 이루어진 곳으로 유명하다.

그런데 원래 성당의 위치는 여기가 아니라 가까운 상 프란시스쿠 거리^{Calçada de S. Francisco}에 있었다. 1755년 리스본 대지진 때 피해를 입어 성당이 파괴되자 지금의 가헤트 거리로 옮겨와 1784년에 재건된 것이다. 하지만 정문 위의 원형 부조석은 원래 있던 성당에서 가져온 것이다. 주제 사라마구의 소설 《리스본 쟁탈전》에는 마르티르스 성모 대성당이 상 프란시스쿠 거리에 있었음을 알려주고 있다.

> 저기 저 남쪽의 트린다데 능선과 카우사다 드 사웅 프란치스코[32] 협곡까지 죽, 일 이 미터 정도 차이가 있겠지만 말이다. 그 자리에는 거룩한 순교자들에게 헌정된 교회가 서 있는데, 거룩한 순교자라는 이름이 그 교회에 잘 맞는다.
>
> -주제 사라마구, 《리스본 쟁탈전》

---

32 국내에 번역된 책을 그대로 인용했지만, 정확한 지명은 '칼사다 드 상 프란시스쿠(Calçada de S. Francisco)'로 프란시스쿠 성인의 거리를 말한다.

마르티르스 성모 대성당의 내부

성당 안으로 들어가서 보니 수수한 성당의 외관과는 달리 내부 공간이 화려하게 장식되어 있어 놀라웠다. 특히 초록색과 붉은색이 어우러진 천장이 강한 인상을 주었다. 프랑스 로코코 양식의 영향을 받은 성당의 내부는 색채와 장식이 화려했고 천장화와 어우러져 매우 우아하고 아름다웠다.

우리는 천장화를 자세히 살펴 보았다. 리스본 탈환 후 아폰수 1세가 승리에 대한 감사로 한쪽 무릎을 꿇고 성모 마리아에게 감사드리는 장면이 그려져 있었다. 한쪽에는 천사가 성당의 도면을 들고 있고, 십자군 무덤과 방패도 상징적으로 그려져 있었다. 성당의 건립 역사와 관련된 천장화는 정문 위에서 본 원형 부조와 이어지고 있었다.

프랑스 로코코 양식의 내부와 파이프 오르간

초기 성당에는 프란시스쿠 비에이라 루지타누Francisco Vieira Lusitano가 천장화를 그렸다. 그는 1750년 주앙 5세의 의뢰로 마르티르스 성모 대성당의 천장화를 완성했지만 5년 뒤 리스본 대지진의 영향으로 그림이 소실되고 말았다. 오늘날 우리가 보고 있는 천장화는 성당을 복원하면서, 피해를 입기 전 초기 도안을 바탕으로 페드루 알렉산드리누 드 카르발류Pedro Alexandrino de Carvalho가 다시 완성한 그림이다. 이렇게 리스본 대지진으로 소실된 것도 있지만 복원을 통해 전승되고 새로워지는 것도 있었다. 우리는 자리에 앉아 리스본 탈환의 역사를 알 수 있는 천장화를 좀 더 오래 감상해 보았다.

성당 안의 고요에 잠겨 있다가 밖으로 나오니 가헤트 거리는 사람들로 북적였다. 멀리 잉카르나상 성모 성당과 이탈리아의 로레토 성모 성당이 보였다. 작가 마리우 코스타Mário Costa의 작품에는 시아두 거리의 세 성당에 대해 언급한 구절이 있다.

> (마르티르스 성모 대성당은) 100여 년 전 만남의 장소로, '리스본의 모든 것'이었다. 예배 행사에 참석하고, 사교적 활동을 하고, 음악을 듣기 위해 온 사람들이다. 예술인들boémia과 사교 모임에 있어서, 이 성당은 잉카르나상 성모 성당과 로레토 성모 성당과 함께 신성한 삼위일체를 이루었다.
>
> - 마리우 코스타, 《그림처럼 아름답고 우아한 시아두》[33]

---

33 마리우 코스타(Mário Costa), 《그림처럼 아름답고 우아한 시아두(O Chiado Pitoresco e Elegante)》, 리스본시 출판, 1965

성당을 올려보다가 우리는 종탑이 어디 있는지 궁금해 찾아보았다. 대성당의 종탑은 정면에 있지 않고 뒤쪽에 있어 잘 보이지 않았다. 마르티르스 성모 대성당에서 세례를 받았던 페르난두 페소아는 <내 마을의 종소리Ó sino da minha aldeia>라는 시를 남겼다. 페소아가 '그리움의 종소리'라고 했던 그 소리를 듣고 싶었지만 지금은 울리지 않았다. 이 거리에 울려 퍼지던 종소리는 어땠을까. 그때 잠시 우리는 지금의 번화한 가헤트 거리가 아니라 트린다드 능선과 협곡이 있었을 때의 옛 리스본을 상상해 보았다. 그 풍경 속에서 대성당에 울리던 '그리움의 종소리'가 능선을 타고 협곡을 가로질러 들려오는 듯했다.

내 마을의 종소리
평온한 오후에 잔잔하게 들려오네
종소리가 울릴 때마다
내 영혼 안에서 울려 퍼진다.

느린 종소리는
삶의 슬픔처럼
처음 울릴 때부터
반복하며 같은 소리를 낸다.

아무리 가까이에서 울려도
내가 항상 방황하며 지나칠 때마다
종소리는 마치 꿈처럼
내 먼 영혼 속에서 들린다.

종소리가
탁 트인 하늘에서 울릴 때마다
과거는 더 멀어지고
그리움은 더 가까이 다가온다.

– 페르난두 페소아, <내 마을의 종소리Ó sino da minha aldeia>[34]

---

34 페소아 아카이브 http://arquivopessoa.net/textos/206

5. 산투 안토니우 성당 - 리스본의 수호 성인

> 간판을 읽다 보면 도시의 주민 중 가톨릭교도가 많은지, 개신교도
> 가 많은지, 도시에 유대인이 많이 사는지 아닌지 알아낼 수 있다.
> 뿐만 아니라 예컨대 세례명으로 주민의 성향과 출신, 그들이 특히
> 좋아하는 것과 그들의 수호신에 관한 것도 알아낼 수 있다.
>
> - 헤르만 헤세, 《헤세의 여행》

리스본을 여행하는 동안 산책을 즐기며 광장과 거리의 이름을 눈여겨
보았다. 이 지역만의 특징이 무엇일까 호기심에 가득 찬 눈빛으로 하루
종일 걸어다니다 보니 그 속에서 알게 된 사실이 하나 있었다. 리스본에
는 유독 '안토니우'라는 이름이 많다는 것이다. 레스토랑과 주택의 이름
을 비롯하여 세례명과 본명에도 안토니우가 들어 있었다. 예를 들어 시
인 페소아의 본명은 '페르난두 안토니우 노게이라 페소아'이고 안토니
우 모라, 안토니우 게데앙, 안토니우 페레이라 등 저명한 인물들이 많이
있었다. 그러고보니 포르투갈 독재정권의 핵심이었던 살라자르도 '안토
니우 드 올리베이라 살라자르'이다. 그렇다면 혹시 '안토니우'는 리스본
의 수호성인이 아닐까.

우리가 알고 있는 안토니오는 이탈리아 파도바의 성인이다. 그런데 리스본에서는 이 성인을 부르는 이름이 조금 달랐는데 '리스본의 산투 안토니우Santo António de Lisboa'였다. 그는 리스본에서 태어났기 때문이다. 코임브라에서 프란시스쿠 수도회에 몸담았던 그는 여행 중 이탈리아로 들어가 가르침을 널리 전파했으며, 성경에 대해서도 해박한 지식을 가져 나중에는 뛰어난 설교자가 되었다. 그리고 이탈리아의 파도바에서 36세의 나이로 선종했다.

리스본의 산투 안토니우 성당Igreja de Santo António은 성인이 태어난 자리에 세워졌다. 초기에는 작은 성당이었지만 마누엘 1세 때 재건되었다. 그러나 이 성당도 리스본 대지진의 피해를 입어 복원되었다. 이때 재건을 맡은 건축가 마테우스 비센트 드 올리베이라Mateus Vicente de Oliveira는 마프라 궁전 건축에도 참여하였고, 우리가 리스본에 도착하여 제일 먼저 만났던 이스트렐라 대성당을 건축한 인물이다.

산투 안토니우 성당에 도착했을 때 입구에서 떠들썩한 소리가 들렸다. 서둘러 계단을 올라가 보니 입구 양쪽으로 기념물이 진열되어 있었다. 무엇보다 '산투 안토니우의 빵Pão de Santo António'이 바구니에 듬뿍 담겨 있는 것이 눈에 띄었는데, 작고 귀여운 빵이었다. 그리고 한쪽에는 '매주 화요일 빵의 축복이 있습니다.todas as terças-feiras ocorra a bênção dos pães'라고 쓰여 있었다. 산투 안토니우의 축제날도 아닌데 무슨 행사일까 궁금했었는데 마침 오늘이 화요일이었던 것이다. 우연과 행운이 겹쳐지는 순간이었다. 성당을 둘러보고 나갈 때 기부금을 내고 빵을 받아가기로 했다.

산투 안토니우 성당의 제단

산투 안토니우의 빵과 관련해서는 안토니우 성인이 가난한 사람들에게 빵을 모두 나누어 주었는데 나중에 돌아가 보니 빈 바구니에 다시 빵이 가득 차 있었다는 이야기가 전해 내려온다. 그 외에도 성인의 선의와 사랑에 관한 이야기가 많이 전해지고 있다. 오늘날에도 성인의 정신을 이어받아 산투 안토니우의 빵은 생명의 양식이며, 빵을 나누는 것은 이웃에 대한 사랑을 의미하고 있다.

성당 안으로 들어가 메인 제단을 보니 황금빛으로 빛나는 성인의 동상이 있었다. 백합꽃과 아기 예수를 안고 있는 모습이었다. 대리석으로 정갈하게 지어진 성당 내부는 크고 둥근 돔에서 내려오는 환한 빛으로 채워져 있었다. 성당에 잠시 앉아 안토니우 성인의 동상을 바라보고 있다가 흥미로운 이야기가 하나 떠올랐다. '산투 안토니우를 위해 1페니를'이라는 이야기이다.

리스본 대지진 때 산투 안토니우 성당도 많은 피해를 입었는데, 이후 복구를 시작할 때 성당의 합창 단원 소년들이 알파마 주민들에게 기부를 받아 돕겠다고 나섰다. 소년들은 거리에 나가 모금을 하면서 '산투 안토니우를 위해 1페니를um tostãozinho para o Santo António'이라고 외쳤다. 그 뒤로 이러한 모금운동은 기부를 위한 자선행사로 이어졌고 전통으로 자리했다. 그러나 현대로 넘어 올수록 그 의미는 많이 희미해져서, 아이들은 안토니우 성인을 위한 기부금이라며 받아 초콜릿이나 사탕을 사 먹기 일쑤였다고 한다. 이러한 이야기는 주제 사라마구의 자전적 에세이 《주제 사라마구, 작은 기억들》에도 등장한다.

내가 페르낭 로페스 길 옆에 있는 카잘 히베이루 대로에서 넘어진 적이 있는데 그것도 실제로 겪은 일이었다. 아주 힘겨운 기억 가운데 하나이다. 그 일은 하필 인간적 동정심과 천국의 자비심이 흘러넘쳐야 할 시기에 벌어졌다. 바로 성 안토니우 축제 기간이었기 때문이다. 안토니우 성인은 정당한 대의의 수호자이자 길 잃은 존재들이 어디에 있든지 간에 잘 지켜주는 보호자였다.

그날의 고통스러운 낙상은 안토니우 성인의 쩨쩨한 복수는 아닐까 생각해 본다. 행인들에게 받은 동전으로 캐러멜을 잔뜩 구입해서 폭식의 죄를 저지르며 포만감을 만끽하려 한 걸 알아챘기 때문이 아닐까. 신자 혹은 비신자 가릴 것 없이 선한 영혼이라면 누구든지 가리지 않고 꾀어내려고 성당 입구에 설치해놓은 작은 제단에 헌금으로 갖다 바칠 생각이 없다는 것을 간파했기 때문이 아닐까.

그날의 슬픈 사실은 다음과 같았다. 당시 나는 대로변에서 친구들과 경쟁적으로 소리를 질러대고 있었다. 남들이 보면 서로 박자를 맞추는 것처럼 보였을지도 모를 일이다. 늘 그맘때면 소년들이 외치던 소리였다. 성 안토니우를 위해 한 푼 줍쇼! 성 안토니우를 위해 한 푼 줍쇼!

이때는 소년들이 재미삼아 놀러 나와 '산투 안토니우를 위한 동전'을 모으기 일쑤였던 것 같다.

- 주제 사라마구, 《주제 사라마구, 작은 기억들》

소년들이 광장이나 거리로 나와 신사와 숙녀들을 향해 '산투 안토니우를 위해 1 페니를'이라고 외치며 앞다투어 동전을 모으려고 하던 중에, 사라마구도 한 신사를 향하여 달려가다가 그만 돌부리에 걸려 넘어졌다. 급기야 무릎이 찢어지고야 말았는데 귀여운 꼬마, 사라마구는 그날 엄마에게 얼마나 혼이 났을지 눈에 선하다.

리스본에서 매년 6월 13일은 산투 안토니우의 날이다. 이날에는 가장 큰 축제인 리스본의 6월 축제Junho de Festas de Lisboa가 열리고 전날인 6월 12일에는 성인을 위한 퍼레이드가 펼쳐진다. 산투 안토니우 성당 광장에서부터 출발해 리스본 대성당을 거쳐 각 성인들의 성당으로 행진을 이어나간다. 성당에서 다른 성당으로 이동하는 동안 시민들과 관광객들은 점점 더 모여들어 좁은 알파마의 골목은 수많은 인파로 가득 찬다고 한다. 오늘날에는 종교행사를 넘어 유럽의 인기 있는 축제로 널리 알려져 리스본의 명물인 정어리 축제와 영화 상영 및 콘서트, 전시회까지 함께 열리는 문화 축제가 되었다.

성당을 둘러보고 밖으로 나오니 작은 광장 앞에 성인의 동상이 세워져 있었다. 이 광장의 이름은 '리스본 대성당의 산투 안토니우 광장Largo Santo António da Sé'이다. 이 광장 옆으로 모퉁이만 돌면 바로 리스본 대성당Sé de Lisboa이 나오기 때문이다. 그리고 연이어 있는 두 성당이 모두 서쪽을 바라보고 있어서, 도시의 서쪽 방향에서 걸어오게 되면 산투 안토니우 성당이 먼저 보이고 뒤로 리스본 대성당이 보이는 셈이 된다.

리스본 대성당 왼쪽으로 보이는 산투 안토니우 성당

　모퉁이를 돌자 곡선으로 이어진 길옆으로 조금씩 리스본 대성당의 파사드가 눈에 들어오기 시작했다. 그러자 멀리서 리스본의 명물인 노란 트램이 내려오고 있었다. 거리에는 리스본 대성당과 트램을 사진에 담으려는 관광객들이 많이 모여 있었다. 하지만 그들은 왜 노란 트램이 굽어진 길을 돌아 내려올 수밖에 없는지 그 이유를 알지 못하는 듯했다. 바로 산투 안토니우 성당이 리스본 대성당 앞에 지어져 있다는 걸 말이다. 아마도 그들의 사진에도 리스본 대성당과 노란 트램, 그리고 왼쪽으로 산투 안토니우 성당의 일부분이 나란히 찍혀 있을 것이다.

　리스본 대성당으로 향하기 전 한 번 더 성당을 바라보았다. 산투 안토니우 성당은 오늘도 여전히 리스본을 지켜주고 있다는 생각이 들었다.

6. 리스본 대성당 - 리스본의 시원을 찾아서

드디어 리스본 대성당^{Sé de Lisboa}에 도착했다. 리스본에서 가장 오래된 성당이자 오늘날 리스본의 대표적인 건축물이다. 그리고 견고한 성벽과 성문을 연상시키는 대성당의 독특한 외관은 포르투갈 역사의 한 페이지를 담고 있다. 대성당은 12세기 무어인들로부터 리스본을 탈환하자마자 건축되었기 때문에 포르투갈 역사의 시원과도 같은 곳이다.

포르투갈은 이베리아 반도에서 기독교 국가의 복구를 위해 일어났던 국토회복운동, 일명 헤콩키스타^{Reconquista}의 과정에서 건국되었다.[35] 8세기 무렵 이베리아 반도는 대부분 이슬람교도인 무어인들이 차지했지만 북부의 아스투리아스 왕국^{Reinu d'Asturies}은 끝까지 저항했다. 그러던 중 유럽 전역에서 일어난 십자군운동은 이베리아 반도의 전쟁에 힘을 실어주었다. 당시 교황이 이베리아 반도의 전쟁 역시 십자군운동의 일환이라고 천명했기 때문이다. 이제 이베리아 반도에서 무어인들과의 전투는 그야말로 기독교 국가를 지키는 국토회복 '전쟁'이 되어버렸다.

---

35 '재정복'이라는 뜻의 에스파냐어인 레콩키스타(reconquista)는 포르투갈어로는 '헤콩키스타'로 발음된다.

12세기 레온 왕국Reino de León의 백작령이었던 포르투갈은 어느덧 독자적인 왕국을 건설하기에 이르렀다. 이때 영토 확장에 큰 공을 세운 이는 포르투갈 왕국의 초대 왕이 된 아폰수 엔히크스D. Afonso Henriques였다. 특히 그가 무어인들로부터 빼앗은 영토 중 가장 빛나는 곳이 바로 리스본이었는데, 제2차 십자군전쟁 때 성지로 향하던 북유럽 십자군의 지원을 받아 이룬 쾌거였다. 이들의 도움이 없었다면 리스본은 무어인들의 도시가 되었을 것이고 포르투갈은 이곳을 차지하기 위해 오랜 시간을 보내야만 했을 것이다. 리스본을 탈환한 후에도 포르투갈은 무어인들을 계속해서 남쪽으로 몰아냈고, 결국 1249년 아폰수 3세에 이르러 포르투갈 최남단의 도시 파루Faro를 장악함으로써 포르투갈의 헤콩키스타는 끝을 맺었다.[36]

성문 같은 거대한 성당 문을 바라보며 포르투갈의 역사를 짚어보다가 드디어 리스본 대성당 안으로 들어갔다. 내부로 들어가자마자 짙은 어둠이 온몸을 감쌌다. 9월의 쾌청한 햇살 속에 있다가 건물 안으로 들어와서 그런지 서늘한 기운도 느껴졌다. 마치 거대한 동굴 안으로 들어온 듯했다.

리스본 대성당의 내부가 어두운 것은 로마네스크 양식으로 지어졌기 때문이다. 거대한 벽과 반원형의 석조 지붕인 배럴볼트, 그리고 작은 창이 특징이다. 석조 지붕의 무거운 하중과 횡압을 견디기 위해 벽면과 기둥 두께가 두꺼워지면서 개구부인 창의 크기는 작아질 수밖에 없었다.

---

36 이베리아 반도의 마지막 이슬람 왕국인 그라나다 왕국이 카스티야-아라곤 왕국에 항복하면서 아프리카로 완전히 물러간 것은 250년이 지난 1492년이었다. 이로써 이베리아 반도에서의 국토회복운동은 끝났다.

리스본 대성당의 내부

고대 로마인들의 건축술을 본받아 '로마스럽다'라는 뜻을 가진 로마네스크^{Romanesque} 양식은 11세기에서 12세기까지 유럽에서 크게 번창했다. 유럽에서는 지역의 특성과 전통에 따라 각각 다른 스타일로 발전했는데, 포르투갈의 로마네스크 양식의 건축은 이렇게 성벽처럼 두텁고 투박한 것이 특징이다. 아마도 왕국이 건국되면서 무어인과 싸우며 영토를 넓혀나가던 시기에 건축되었기 때문일 것이다. 그런 배경 때문인지 포르투갈에는 로마네스크 양식의 건축물이 그리 많은 편은 아니다. 이 시기에 지어진 코임브라의 산타 크루스 수도원^{Mosteiro de Santa Cruz}과 코임브라 구 대성당^{Sé Velha de Coimbra}, 포르투의 대성당^{Sé do Porto} 정도가 대표적인 로마네스크 양식의 건축물에 해당한다.

리스본 대성당(좌)과 포르투 대성당(우)

어둠에 익숙해졌는지 점차 대성당의 내부가 눈에 들어오기 시작했다. 전체적으로 신자석이 있는 네이브nave를 중심으로 양쪽에 복도인 아일 Aisle이 있는 전통적인 구조였다. 우리는 어두운 내부에 비해 빛으로 가득한 제단을 향해 발걸음을 옮겼다. 라틴크로스 구조에서 가로축에 해당하는 트랜셉트에 다가서자 위로는 마치 돔처럼 보이는 랜턴타워가 있었지만 창이 매우 작았다.

뒤를 돌아보니 거대한 스테인드글라스 장미창이 빛나고 있었다. 성당 앞 파사드를 장식하던 바로 그 장미창이다. 스테인드글라스의 오묘한 색채는 어둠 속에서 더 빛나고 있었다. 다채색의 스테인드글라스 중앙에는 예수와 열두 제자의 그림이 그려져 있었다. 다시 고개를 돌려보니 트랜셉트 양쪽에도 스테인드글라스가 있었는데, 대성당과 인연이 깊은 두 성인이 그려져 있었다.

상 비센트와 산투 안토니우의 스테인드글라스

그 중 산투 안토니우Santo António는 리스본 대성당과 인연이 깊다. 앞서 다녀왔던 산투 안토니우 성당 자리에서 태어난 그는 리스본 대성당에서 세례를 받았고 15세 때까지 합창단에서 노래했다. 그래서 본당 뒤편에 있는 세례당에는 성인의 일대기가 새겨진 타일 패널이 있다.

리스본 시와 리스본 대성당을 수호하는 또 다른 성인이 있다. 바로 상 비센트São Vicente이다.[37] 그는 4세기 로마 디오클레티아누스 황제가 기독교를 박해할 때, 이교도 신들에게 제사를 거부했다는 이유로 고문받아 순교했다. 이후 무어인들의 침략으로 그의 유해는 배에 실려 표류하다가 포르투갈의 알가르브Algarve의 사그르스Sagres 해안까지 떠내려 오게 되었다. 이 때 포르투갈의 왕 아폰수 엔히크스는 리스본을 정복하면서 상 비센트의 유해를 대성당에 안치하였다. 그의 유해가 배를 타고 리스본에 도착했을 때 까마귀가 호위하고 있었다고 하는데, 오늘날 리스본 시의 문장에도 나타나 있다. 이렇듯 오늘날 리스본 도시의 수호성인은 리스본 대성당과 인연이 깊었다.

까마귀가 그려져 있는 리스본 시 문장 ⓒ

37 상 비센트는 오늘날 스페인의 도시 사라고사(Zaragoza)의 가톨릭 교회 사제였다. 그는 포르투갈 리스본과 스페인 발렌시아의 수호성인이다.

창에서 들어온 빛으로 제단은 밝은 분위기였다. 그래서 어두운 분위기의 로마네스크 양식과는 다른 건축양식이 아닐까 추측해 보았는데 바로크 양식으로 증축된 것이었다. 유럽의 대성당들을 살펴보면 하나의 양식으로만 이루어진 성당은 드문 편인데, 그 이유는 먼저 대성당을 짓는데 오랜 기간이 소요되기 때문이다. 그래서 지배적인 건축양식이 변하면 거기에 맞춰 부분적으로 새로운 양식이 첨가되었다. 무엇보다 처음 완성된 대성당은 이후에 꾸준히 증축되기 마련이다. 이때 기존의 건축물에 새로운 양식이 더해지기 때문에 여러 양식이 혼합될 수밖에 없다. 마지막으로 오래된 대성당이 훼손되면 복원을 하게 되는데, 이때도 과거의 양식보다는 새롭게 발전된 건축양식으로 복원된다. 그렇게 본다면 단일한 양식으로 오늘날에 이르는 대성당은 거의 없다고 할 수 있다.

리스본 대성당도 로마네스크 양식으로 건축되었지만 이후에 증축과 복원과정을 거치면서 여러 양식이 첨가되었다. 더구나 1755년의 리스본 대지진 때 심하게 훼손되었기 때문에 상당한 복원작업이 이루어졌다. 지금 보는 제단도 당시에 무너져서 본당과는 다른 양식으로 지어진 것이다. 결국 리스본 대성당은 로마네스크 양식에 고딕 양식과 바로크 양식이 더해진 건축물이 되었다.

리스본 대성당의 제단은 지금까지 본 성당들에 비해 화려하지는 않았지만 위엄이 느껴졌다. 세 면으로 넓게 펼쳐진 제단에는 가운데 성모승천을 그린 패널이 있고 양쪽으로 거대한 파이프 오르간이 있었다. 밝은 빛이 들어와 제단을 은은하게 비춰 주었다. 성모승천 그림으로도 알 수 있듯이 이곳은 예수의 어머니인 동정녀 마리아에게 헌정된 성당이다.

그래서 이 성당의 정식 명칭은 '산타 마리아 마이오르 대성당Catedral de Santa Maria Maior'이다. 흔히 이 성당을 리스본 대성당Sé de Lisboa[38]이라고 간단히 부르고 있지만 엄연히 성모 마리아 성당이다.

성모 승천 그림이 있는 제단

제단 뒤로는 여러 개의 작은 카펠라Capela가 보였다. 통로인 주보랑 Ambulatory은 고딕양식의 대표적인 특징인 둥근 아치형 천장으로 덮여 있었는데, 오른쪽 입구에서 상 비센트의 유물을 간직한 카펠라를 처음 만났다. 이곳은 14세기에서 15세기에 걸쳐 고딕양식으로 증축되었는데 상 비센트의 유물에 봉헌하려는 이들이 계속 늘어나자 순례 성당이 되었다. 그리고 반원형 통로를 따라 가니 여섯 번째 자리에 산타 마리아 마이오르

---

38 세(Sé)는 세데스 에피스코팔리스(Sedes Episcopalis)의 이니셜에서 유래한 단어로, 주교좌를 뜻한다. 리스본 대성당은 리스본 교구의 주교좌 성당이다.

카펠라가 있었다. 성당 내에 있는 많은 카펠라를 돌아보고 나니 여러 성
당을 다닌 것처럼 시대적으로 다양한 건축양식의 성전을 만날 수 있었
다.

유적 발굴 중인 중정에 대한 안내판

　이제 성당의 본당을 나가 중정이 있는 회랑을 둘러볼 차례다. 13세기
초에 대성당이 완성된 후, 13세기 말 디니스^{Dinis} 왕 때에 이르러 회랑은
고딕양식으로 증축되었다. 그런데 회랑으로 들어가는 입구에 가 보니
공사 중이라 출입이 금지되어 있었다. 리스본에서 고딕양식의 절정을
볼 기회를 놓치게 되어 아쉬워하며 발길을 돌릴 수밖에 없었다. 돌아나
오는데 복도 한쪽에 안내판이 길게 늘어서 있었다. 성당 중정의 유적 발
굴 안내판이었다. 그제서야 우리는 회랑의 출입을 막은 이유를 알게 되
었다. 천천히 안내문을 살펴보니 성당을 복원하던 중에 지반 아래에서

무어인들의 유적이 발견되었다는 것이다. 게다가 그 이전의 서고트 유적, 더 앞선 시대인 고대 로마의 유적들까지 차례차례 발견되고 있다는 설명이었다. 지금도 한창 발굴 중이라고 하는데, 아마도 그 아래에는 지금 발견된 시대보다 더 오래된 유적도 발굴되지 않을까 싶었다. 그렇게 본다면 대성당은 리스본에서 가장 오래된 성당이기도 하지만, 이 도시의 가장 오래된 유적지를 품은 장소도 될 것이다. 고대 로마시대, 아니그 이전부터 시작된 문명의 흔적은 리스본 대성당의 800년이라는 긴 세월마저 무상하게 만들었다.

> 무어인 총독이 계속 말을 이었다. 이 도시가 한때는 그대들의 것이었지만, 지금은 우리 것이오, 어쩌면 미래에 이 도시가 또 다시 그대들의 것이 될지도 모르지만, 그것은 하느님께 달린 일이오, 하느님께서는 이 도시를 우리에게 주기로 하셨고, 언제든 마음이 내키면이 도시를 우리에게서 다시 빼앗아 갈 것이오, 그 어떤 성벽도 하느님의 거룩한 의지 앞에서는 견고하게 버틸 수 없으니까 말이오,
>
> – 주제 사라마구, 《리스본 쟁탈전》

리스본 탈환이라는 역사적 사건을 다룬 주제 사라마구의 소설 《리스본 쟁탈전》에는 이와 같은 구절이 나온다. 전투가 시작되기 전 포르투갈 진영의 브라가 대주교가 리스본 성의 무어인 총독에게 항복하라고 하는 장면이다. 이 도시가 과거에 자신들의 소유였음을 주장하는 포르투갈인에게 총독은 신의 뜻대로 될 것이라고 말한다. 여기서 신은 굳이 기독교의 하나님이나 이슬람의 알라를 지목해서 생각할 필요는 없다. 그들에게는 모두 같은 하느님이기 때문이다. 아마도 무어인 총독의 대답은 이

런 뜻을 담고 있을 것이다. 이곳의 주인은 당신들이 아니라고, 그리고 태곳적부터 이어져 내려온 이 땅의 주인은 따로 없다고 말이다. 인간은 도시에 잠시 머물 뿐 소유할 수 없으므로 누구든 이곳을 주인인 양 점령하고 타인을 억압할 수 없다는 것을 말하고 있다.

리스본 대성당을 나오며 역사와 문명의 흔적을 통해 인류의 평화와 공존에 대해 생각해 보게 되었다. 오늘날 우리가 누리고 있는 이 문명도 얼마나 작고 미미한가. 다양한 민족과 문화가 뒤섞여 살고 있는 가운데 배타적인 태도로 빈번하게 일어나고 있는 갈등과 충돌은 얼마나 어리석은가. 앞서 리스본 대성당은 포르투갈의 시원과도 같은 상징적 장소라고 말했다. 하지만 이곳에서 발견된 유적들을 보면 인류의 역사와 문명이 공존했던 장소라고 해야 할 것이다. 그렇다면 리스본 대성당은 포르투갈을 넘어 전 세계와 모든 민족의 '화해'와 '화합'의 장소로 거듭나야 하지 않을까. 지금 중정에서 계속 나오고 있는 유적들을 그대로 묻지 않고 온전히 발굴하는 것이 그 첫 발걸음이 되었으면 한다.

7. 상 도밍구스 성당 - 과거를 기억하는 방식

상 도밍구스 성당의 외관

호시우 광장의 마리아 2세 극장에서 가까운 상 도밍구스 성당Igreja de São Domingos을 찾아 길을 나섰다. 성당은 리스본 대지진과 대화재의 상흔을 그대로 간직하고 있다고 했다. 그런데 리스본에서는 광장이나 성당을 찾기가 그리 어렵지 않은데 자꾸만 길을 헤매었다. 드디어 상 도밍구스 광장Largo de de São Domingos에 들어서니 성당이 마주 보였다. 외관으로는 장식도 없고 단조로운데다 여러 건물들과 이어져 있어서 광장에 장엄하게 우뚝 서 있으리라 기대했던 우리는 다소 당혹스러웠다. 더구나 작은 광장에는 관광객 무리의 흥성거림과 상업시설의 소란스러움까지 뒤섞여 종교적 사원의 분위기도 느낄 수가 없었다. 그때 다행히도 미사가 시작되었는지 관광객들이 성당을 빠져나오고 있었다. 우리는 조용히 문을 열고 성당 안의 고요 속으로 들어갔다.

성당의 정문을 열고 들어간 순간 우리는 눈앞에 펼쳐진 성당 내부의 모습에 잠시 모든 감각이 정지되어 버렸다. 성당 안에는 화재로 그을린 기둥들과 부서진 조각상들이 서 있었다. 검게 타버린 대리석과 부서져 쪼개지는 바람에 울퉁불퉁한 석조상들까지 보였다. 무엇보다 천장에는 진한 황토색의 테라코타로 마감되어 있어 천상과 지상이 두 개로 분할된 세계처럼 보였다. 이러한 성당 모습은 본 적도 상상한 적도 없었다. 낯설고 그로테스크한 모습은 매우 충격적이었다.

그때 마침 미사가 시작되는지 신부님이 기도를 올렸다. 얼른 자리에 앉아 미사에 집중해 보려고 했지만 황금으로 꾸며진 제단은 테라코타나 부서진 조각상과 대비되어 더 혼란스러웠다. 그렇게 미사가 끝나고 우리는 성당 내부를 돌아보았다. 한쪽 벽면에는 상 도밍구스 성당이 겪은 대화재에 대한 신문 기사가 스크랩되어 있었는데, 천장이 모두 무너져 내린 성당 안에 황망한 모습으로 서 있는 사람들이 보였다. 이 오래된 흑백 사진 한 장만으로도 이 성당이 겪은 상흔을 충분히 짐작할 수 있었다.

상 도밍구스 성당의 내부

리스본 최초의 도미니크 교회인 상 도밍구스 성당에는 무슨 일이 있었던 것일까. 1241년 지어진 성당은 20세기 초 포르투갈 공화국이 세워지기 전까지 왕실의 결혼식이 거행되기도 했던 곳이다. 800여 년이 넘는 긴 역사를 품고 있는 성당에 가장 큰 피해를 준 재난은 리스본 대지진과 화재였다. 1755년 11월 1일 '모든 성인의 날'에 일어났던 리스본 대지진으로 상 도밍구스 성당도 큰 피해를 입었다. 1748년에 제작한 바로크 제단과 성구 보관실만 겨우 살아 남았다. 1807년에 재건축이 시작되었지만 다시 문을 열 때까지는 오랜 시간이 걸렸다.

그리고 또 한 번의 재난이 성당을 덮쳤다. 1959년 8월 14일 상 도밍구스 성당에서 화재가 일어났다. 성모승천일 전날 밤 성당의 굴뚝에서 시작된 불길은 삽시간에 번졌다. 소방관들이 불길을 진압하기 위해 성당의 정문을 열었을 때는 프레스코화가 그려져 있던 천장이 무너져 내렸다. 화재를 진압하던 중에 소방관 두 명이 목숨을 잃을 정도로 큰 화재였다. 시민들도 몰려나와 불길이 번지는 걸 막기 위해 최선을 다해 도왔다고 전해진다. 장장 6시간 동안 계속된 화재로 성당 내부는 거의 파괴되었고, 소장품이던 금박을 입힌 목재 조각이며 귀중한 그림을 포함해 화려한 내부는 화재 속에 사라졌다. 이후 성당은 복원되었지만 화재로 부서지고 그을린 모습의 석상들과 기둥은 그대로 남았다. 불길로 무너진 천장에는 프레스코화 대신에 테라코타로 마감했다. 그래서 성당은 마치 멈춰진 시계처럼 1959년의 모습을 하고 있다. 그렇다고 유적지나 박물관은 아니다. 여전히 재난의 자리에서 종교적 기능을 이어가고 있었다.

성당에 있는 대화재에 대한 신문기사

상 도밍구스 광장으로 나와 성당의 외관을 바라보았다. 누구도 안으로 들어가기 전까지는 성당 안의 모습을 짐작하지 못하리라. 리스본 대지진의 피해를 입고 몇 차례의 지진과 화재를 더 겪은 상 도밍구스 성당은 그 흔적을 모두 간직하고 있었다. 그런데 리스본의 상처는 성당의 내부에만 있는 것은 아니었다. 상 도밍구스 광장 일대에는 리스본의 아픈 역사를 잊지 않기 위해 세운 추모와 용서의 기념물들이 있었다. 바로 1506년에 일어난 리스본 대학살에 대한 내용이었다.

> "리스본 시에서는 1506년 4월 19일 유대인 대학살의 희생자들을 추모합니다."
> -2008년 4월 19일

유대인 학살 희생자 추모비

1506년 4월 19일 리스본 상 도밍구스 성당에서 기독교로 개종한 유대인에 대한 학살이 벌어졌다. 부활절 날에 모여 오래 지속되던 가뭄과 전염병이 끝나기를 기도하던 중에 그리스도의 기적을 둘러싸고 갈등이 일어난 것이다. 분노한 군중들과 몇몇 도미니크회 수사들의 선동으로 기독교로 개종한 유대인, '크리스탕 노부cristão-novo'를 이단자로 몰아세워 죽였고, 이렇게 시작된 학살은 그 뒤로도 3일 동안 계속되었다. 대학살이 이어지며 거리에서 더 이상 그들을 찾을 수 없게 되자 이번에는 집을 공격하고 약탈했다. 남아있는 이들을 데리고 나와 상 도밍구스 광장이나 호시우 광장에서 불태워 죽였고 테주 강변에 시체가 쌓였다. 이때 사망한 유대인은 최대 4000여명으로 추정하고 있다.

16세기 역사가이자 인문학자인 다미앙 드 고이스Damião de Góis는 이날의 상황을 다음과 같이 묘사했다.

> 거리에서 크리스탕 노부들을 찾을 수 없게 되자, 그들이 사는 집에 침입하여 자녀들과 아내를 함께 거리로 끌고 나와 던졌습니다, 산 채로, 불 속으로, 자비도 없이.
>
> - 다미앙 드 고이스, 《마누엘 1세 연대기》

다미앙 드 고이스는 당대 개방적이고 비판적인 정신을 지니고 유럽의 여러 나라와 교류해 온 학자였다. 그는 역사편찬사업에 참여해《마누엘 1세 연대기Crónica de D. Manuel I》를 집필하였는데 추기경과 귀족의 반발을 사면서 결국 종교재판에 회부되었고, 노구의 몸으로 오랜 감옥 생활 끝에 세상을 떠나고 말았다. 하지만 그가 남긴 책 속의 문장에는 유대인 학살이 있었던 역사적 현장이 생생하게 기록되어 있다.

1506-2006
EM MEMÓRIA
DOS MILHARES DE JUDEUS VÍTIMAS
DA INTOLERÂNCIA E DO
FANATISMO RELIGIOSO
ASSASSINADOS NO MASSACRE
INICIADO A 19 DE ABRIL DE 1506
NESTE LARGO

5266-5766

유대인 학살에 대해 기록한 추모비

"O terra, não ocultes o meu sangue e não sufoques o meu clamor" (Job 16,18)

욥기의 구절이 새겨진 추모비

리스본 대주교는 1506년에 일어난 리스본 대학살에 대해 공식적으로 사죄한 바 있다. 이는 교황이 과거 기독교의 과오에 대해 사죄한 '용서의 날' 이후에 나온 구체적인 반성 중의 하나였다. 기독교 역사 2000년을 맞아 교황 요한 바오로 2세는 '용서의 날 미사Day of Pardon Mass'를 열고 과거 기독교가 자행한 만행, 즉 십자군 전쟁, 유대인 박해, 종교재판의 마녀 화형식, 신대륙의 원주민 학살 방조 등에 대하여 용서와 화해를 구했다.

상 도밍구스 성당의 맞은편을 바라보니 올리브나무 한 그루가 서 있었다. 가까이 다가가 보니 물고기가 그려진 칼사다와 두 개의 돌기둥 기념비가 자리하고 있었다. 앞서 리스본 대주교가 사죄한 내용이 담겨 있어 읽어 보았다. 그리고 광장 한가운데에는 '1506년 유대인 학살 희생자 추모비Memorial às Vítimas do Massacre Judaico de 1506'가 세워져 있었다. 반구형으로 된 기념물에는 다윗의 별에 비문을 새겨 넣은 모습이었다. 종교적 불관용으로 희생된 유대인을 추모한다는 내용과 함께 바닥에는 "땅이여, 내 피를 숨기지 말고, 내 부르짖음을 숨기지 마십시오."라는 욥기의 구절도 적혀 있었다. 몇 백 년의 시간이 흐른 2008년 4월 19일, 리스본 대주교와 유대인 랍비 등이 모두 모인 자리에서, 기념비는 '기억과 화해'의 상징으로 남을 것이라고 널리 알렸다.

에두아르두 7세 공원과 폼발 광장 가까운 곳에 있는 약사회 거리Rua Sociedade Farmacêutica에도 우리가 꼭 기억해야 할 문장이 있다. 바로 독일의 철학자 한나 아렌트가 남긴 메시지이다. 그녀는 2차 세계대전 당시 1941년 1월부터 3개월가량 리스본에서 살았다.

한나 아렌트는 나치 정권이 유대인에게 가한 폭력을 피해 베를린을 떠났다. 상황이 점점 불안해지자 기차를 타고 스페인을 거쳐 리스본으로 왔다. 당시 2차 세계대전에 휘말리지 않았던 리스본은 자유의 도시로 주위 국가에서 많은 난민들이 모여들었다. 그러나 리스본에서도 난민에게 비싼 체류 비용을 요구하자 그녀는 결국 미국으로 가는 배를 탈 수밖에 없었다. 약사회 거리의 작은 계단 두 칸에 남겨진 한나 아렌트의 문장은 오늘날에도 우리에게 큰 울림을 준다.

> "유럽의 공동체는 가장 나약한 구성원들이 배제되고 박해받도록 허용하는 순간, 산산조각 났습니다."
> —한나 아렌트

그 뒤로도 상 도밍구스 성당을 몇 번 더 방문하였다. 기념물들을 바라보며 생각에 잠기는 동안에도 광장은 여전히 북적였다. 성당의 바로 옆에는 여행자를 위한 숙소가 있고 맞은편에는 달콤한 체리로 만든 리큐어를 마실 수 있는 아 진지냐^A Ginjinha도 있어서 사실 이곳은 리스본을 방문한 이들에게는 핫 플레이스라고 할 수 있다. 하지만 잠시 흥성거림을 가라앉히고 발걸음을 멈추어보면 여행자는 리스본 역사의 한가운데 서 있다는 것을 알게 될 것이다. 여러 차례 재난을 겪은 성당이 있고 유대인 학살의 현장도 가까이에 있다. 그리고 오늘날에는 분쟁과 갈등의 상처를 보듬으며 용서와 관용의 정신을 기억하는 현장이 되었다.

지금도 어디에선가 차별과 폭력의 불씨는 자라고 있을 것이다. 이러한 갈등의 불씨가 사라지지 않는 것을 보면 세상은 여전히 존중과 배려가

부족한 건지도 모른다. 또한 역사적 과오를 잊어버리거나 없었던 일처럼 지워버리려고 한다면 마땅히 지녀야 할 관용이 무너졌다는 증거일 것이다. 교황을 시작으로 이어진 리스본 대주교의 사죄는 역사에 획을 그을만한 일이었다. 하지만 우리들도 각자 한번쯤 자신을 되돌아보아야 하지 않을까. 타인에 대해, 다른 민족과 문화에 대해, 배타적인 감정과 태도로 살고 있다면 누구나 "내 잘못입니다^{mea culpa}"라고 고백하는 시간이 필요하지 않을까.

16세기 리스본에서 있었던 포그롬^{Pogrom}은 잊지 못할 상처로 남았다. 상 도밍구스 성당이 남긴 폐허의 흔적은 재해의 자리만이 아니라 과거 폭력과 불관용의 장소이기도 했다. 그 흔적을 지우지 않는 것이 재건과 소생의 싹이 될 수 있음을 오늘을 살아가는 우리들에게 전해주고 있었다. 리스본은 종교적 박해를 되풀이 하지 않기 위해, 다시 종교의 이름으로 거듭나고 있었다. 역사적 상처를 딛고 '관용의 도시 리스본^{Lisboa, Cidade da Tolerância}'으로 한 발 나아가고 있는 모습에 희망을 가져보았다.

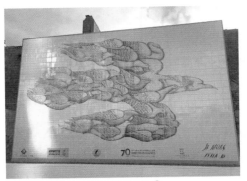

리스본의 타일 벽화 ⓒ

숲이 화재로 파괴되자 세상의 모든 새들이 공터에 모여 무엇을 해야 할지 회의를 합니다. 솔로몬 왕의 현명한 사자로 나오는 새 후투티는 신화의 산에 사는 깨달음의 새 시무르그Simurgh를 찾아가자고 제안합니다. 후투티는 두려워하는 새들에게 망설임, 불평, 두려움 등을 하나하나 해결해 주고 일곱 개의 계곡을 넘어야 하는 여정을 떠납니다. 새들은 계곡을 하나씩 통과하는 동안 독선과 불신, 욕망과 집착 등을 하나하나 버리게 됩니다. 마침내 시무르그의 거처에 도착했을 때 남은 새는 겨우 30마리였습니다. 그곳에서 새들은 자신의 그림자를 보고 비로소 자신들이 시무르그였다는 걸 알게 됩니다. 누구든지 거울을 들여다보듯 자기를 돌아보면 진정 자신이 누구인지, 무엇을 행하고 있는지 알게 될 것입니다.

-니샤푸르의 아타르, 《새들의 회의》[39]

---

39 '니샤푸르의 아타르(Nishapur Attar)'의 《새들의 회의(Manṭiq-uṭ-Ṭayr)》의 줄거리를 요약한 것이다. 2018년 세계인권선언 70주년을 맞아 페터 시스(Petr Sís)는 30마리의 새를 형상화하여 타일벽화를 제작하였다. 리스본 아모레이라스 거리에 전시되어 있다.

8. 콘세이상 벨랴 성모 성당 - 포르투갈 역사의 빛과 그늘

알파마 지역에는 유서 깊은 성당들이 많이 모여 있다. 산투 안토니우 성당과 리스본 대성당이 대표적이다. 그 유명한 성당들과 트라이앵글을 이루며 알판데가 거리^{Rua da Alfândega}의 끝에 또 하나의 성당이 있다. 우리가 처음 성당을 알게 된 건 거리를 지나다가 성당의 파사드에 이끌렸기 때문이다. 유난히 섬세하고 화려한 포털^{portal}을 보고 멈춰 섰는데, 우리뿐만 아니라 제법 많은 사람들이 주위에 모여들어 사진을 찍고 있었다. 아쉽게도 정문이 잠겨 있어서 안내문을 통해 그 내력을 짐작할 수 있었다. 이 성당의 이름은 콘세이상 벨랴 성모 성당^{Igreja de Nossa Senhora da Conceição Velha}으로 '구 성모영보 성당'이라는 뜻이다.[40]

> "콘세이상 벨랴 성모 성당과 자비의 집은 주앙 2세의 미망인 레오노르가 오래된 회당 부지에 세웠다. 그러나 1755년 지진으로 파괴되었다."

---

40 성모영보는 '성모 마리아가 아기 예수님을 잉태했다는 기쁜 소식'이라는 뜻의 가톨릭 용어이다.

콘세이상 벨랴 성모 성당의 포털

그 후 다시 성당을 찾아갔을 때는 다행히 문이 열려 있었다. 많은 사람들과 함께 화려한 중앙 포털의 조각들을 감상했다. 그런데 보면 볼수록 어디선가 본 듯한 데자뷰Dejavu가 느껴졌는데, 그 낯익은 느낌은 며칠 전에 들렀던 제로니무스 수도원의 산타 마리아 드 벨렝 성당Igreja Santa Maria de Belém[41]의 포털과 흡사했기 때문이었다.

리스본 대지진의 피해를 입은 후 재건된 성당들은 고유의 폼발린 양식을 띠고 있다. 특히 성당의 파사드는 빠르고 실용적으로 복원하느라 단순하고 수수한 스타일을 띠고 있는데 '이스틸루 샹Estilo Chão'이라고 부른다.

41　산타 마리아 드 벨렝 성당에 대해서는 졸저《멋진 여행이었어! 까미노 포르투게스》(2021) 중 「1부-포르투갈 성당 기행」에 자세히 설명되어 있다.

이 성당도 파사드의 꼭대기를 보면 삼각 페디먼트가 있고 양쪽으로는 벽기둥으로 마감되어 있는 걸 보아 폼발린 양식이라는 걸 알 수 있다. 하지만 입구와 양 옆을 장식한 창문은 매우 화려하게 조각되어 있어 리스본 대지진이 일어나기 이전 '마누엘리누 양식^{Estilo Manuelino}'임을 짐작할 수 있었다. 마누엘리누 양식은 포르투갈 대항해 시대 때 부의 축적으로 나타난 화려한 양식으로, 제로니무스 수도원과 벨렝 탑이 대표적이다. 그리고 마누엘리누 양식의 성당으로는 산타 마리아 드 벨렝 성당 다음으로 큰 성당이 바로 콘세이상 벨랴 성모 성당이다.[42] 따라서 이 성당의 중앙문과 두 개의 창문은 리스본 대지진 속에서도 살아남았던 것이다.

산타 마리아 드 벨렝 성당의 포털

---

42 초기 성당은 1498년 유대교 회당 자리에 들어섰다. 그런데 같은 구역에 새(Nova) 성모영보 성당이 들어서면서, 이곳은 구(Velha) 성모영보 성당이 되었다. 하지만 아이러니하게도 오늘날 에는 새 성당은 사라지고 구 성당만 남았다.

마누엘리누 양식과 폼발린 양식이 남아 있는 성당 내부

　마누엘리누 양식의 화려한 문에 빠져 있다가 드디어 성당 안으로 들어갔다. 성당 내부에는 폼발린 양식이 많이 남아 있었다. 우선 제단의 성모 마리아의 동상은 황금빛으로 찬란히 빛나고 있지만, 실제는 돌로 조각한 동상에 황금빛으로 도금을 한 것이다. 그리고 제단 양쪽에 있는 성 베드로와 성 바울의 조각상도 나무에 새긴 조각상을 석상으로 보이도록 칠하였다. 이러한 복원 방식은 리스본 대지진 이후 단순하고 신속하게, 그리고 구할 수 있는 재료로 복구를 하다 보니 이루어진 결과였다.

　잠시 자리에 앉아 성당 내부를 좀 더 살펴보니 폼발린 양식뿐만 아니라 16세기 마누엘리누 양식도 남아 있었다. 성모 마리아의 동상이 유난히 깊이 들어가 있는 제단에 놓여 있고 그 위를 격자무늬의 아치 천장이 장식하고 있는데, 이는 산타 마리아 드 벨렝 성당의 앱스와 닮아 있었다. 이 성당 역시 산타 마리아 드 벨렝 성당을 건축한 제로니무 드 루앙 Jerónimo de Ruão의 디자인과 공간 구성 방법을 그대로 따랐기 때문이다. 성당 내부가 화사하고 온화하게 느껴졌는데 그건 천장화 때문이었다. 천장을 올려다보니 가운데에 있는 큰 메달리온medallion도 색감과 무늬가 매우 화려하고 우아했다.

성당의 천장화에 있는 메달리온

콘세이상 벨랴 성모 성당의 역사와 관련된 이야기가 하나 있다. 시모아 고디냐Simoa Godinha라는 여성에 대한 이야기이다.[43] 그녀는 상 투메 프린시프São Tomé and Príncipe에서 농장의 딸로 태어났는데, 이곳은 아프리카 적도 기니에 위치하는 섬으로 16세기 포르투갈 노예무역의 중심이었던 곳이다. 그녀는 농장에서 수많은 노예들을 보며 자랐다.

소설 《노예 섬의 검은 여인》 ⓒ

시모아 고디냐는 포르투갈 귀족과 결혼하여 리스본으로 오게 되었다. 콘세이상 벨랴 성모 성당의 후원자로 교류하던 그녀는 성당 안에 작은 카펠라Capela do Espírito Santo를 지었고 나중에 남편과 함께 그곳에 묻혔다. 1755년 리스본 대지진으로 콘세이상 벨랴 성모 성당도 피해를 입어 무너졌지만 다행히도 성당의 남쪽 문은 살아남았다. 바로 시모아 고디냐가 지었던 작은 카펠라 부분이었다. 이후에 성당은 재건되었고 남쪽 문

---

43 시모아 고디냐의 이야기는 아나 크리스티나 실바(Ana Cristina Silva)가 쓴 《노예 섬의 검은 여인- 시모아 고디냐의 기억(A Dama Negra da Ilha dos Escravos - Memórias de Dona Simoa Godinha)》을 통해 알 수 있다.

은 성당의 중앙문이 되어 오늘에 이르고 있다. 마치 16세기 포르투갈의 식민지였던 상 투메 섬의 검은 여인이 리스본에 남기고 간 마지막 흔적과도 같았다.

> 그 시절 상 투메는 버려지다시피 한 농장들과 불화하는 권력자들의 섬이었다. 이들은 생사람을 잡아먹는 짓, 즉 노예무역으로 변변찮은 살림살이를 메워나갔다. … 섬의 백인들은 주로 노예 중개인으로 활약했다. 앙골라처럼 대규모의 노예를 지속적으로 공급하는 건 꿈도 꿀 수 없었지만, 베냉 만은 기니 만의 전 지역으로 이어지는 문턱이었고 그 연안에 노예가 많았다. 상 투메는 지옥같은 뱃길인 대서양을 횡단하는 선박들에게 이상적인 중간 거점이어서 '중간 항로'로 불렸다. … 노예들은 수천 명씩 왔다.
>
> "이제 나의 사명이 무엇인지 안다. … 나는 인간이 자초한 파괴를 증언할 것이다. 우리가 동산에서 몰락한 것이 얼마나 엄청난 일인지를!"
>
> – 얀 마텔,《포르투갈의 높은 산》

얀 마텔의《포르투갈의 높은 산》에는 대항해 시대와 식민지 제도, 노예무역 등으로 점철된 16세기 포르투갈 역사의 빛과 어둠이 모두 담겨 있다. 이 소설 속에서 율리시스 신부는 '인간이 자초한 파괴'라고 절규했다. 이렇게 억압과 착취의 역사를 지닌 인류는 어떻게 이를 극복하고 오늘에 이르렀을까. 아마도 억압의 시대를 사랑으로 이겨낸 사람들이 있었기 때문이 아닐까. 인간 위에 군림하려는 자가 있다면 반드시 신에게 기도하는 자도 있다고 했다. 오늘날 종교단체와 사회 공동체의 자선활동을 보면서 인류애를 향한 희망의 끈을 다잡아 보았다.

9. 상 호크 성당 - 예수회와 자비의 집

알칸타라 전망대에서 본 리스본

바이후 알투 지역의 상 페드루 드 알칸타라 전망대Miradouro de São Pedro de Alcantara를 지나면 테주 강으로 이어지는 직선도로가 나온다. 우리는 사람들로 붐비는 전망대를 지나 트린다드 코엘류 광장Largo Trindade Coelho으로 들어갔다. 복권판매원 조각상O Cauteleiro이 서 있는 작은 광장에는 키오스크 주변으로 커피를 마시는 사람들이 한가로운 시간을 보내고 있었다.

트린다드 코엘류 광장에는 '자비의 집'으로 알려진 산타 카자 다 미제리코르디아Santa Casa da Misericórdia가 있다. 레오노르 왕비가 콘세이상 벨랴 성모 성당을 지었을 때 자비의 집도 함께 지었다는 걸 알고 시간을 내어 보러 왔다. 당시 포르투갈에는 노예, 선원, 이주자 등에 대한 차별이 만연했고 종교적 박해도 벌어지고 있었다. 전염병이 돌아 죽은 자들이 늘어났지만 매장도 제대로 되지 않았다. 레오노르 왕비는 이런 사회문제를 해결하기 위해 1498년 산타 카자 다 미제리코르디아를 설립했다.

그런데 어떻게 알파마에 있는 콘세이상 벨랴 성모 성당과 멀리 떨어진 이 바이후 알투에 자비의 집이 있는 것일까. 1755년 리스본 대지진으로 산타 카자 다 미제리코르디아도 큰 피해를 입고 무너졌다. 복구할 자리를 찾고 있던 중 마침 비어있던 바이후 알투의 이 자리로 옮겨오게 되었다. 그런데 여기에는 이미 16세기에 지어진 상 호크 성당이 자리하고 있었다. 상 호크 성당은 200여 년 이상을 이어오던 예수회의 본거지로 포르투갈에 세워진 최초의 예수회 성당이었다. 리스본 대지진을 수습하고 개혁을 강행하던 폼발 재상에게 포르투갈에서 강한 영향력을 갖고 있던 예수회는 큰 걸림돌이었다. 이때 일어난 귀족 반란 사건에 폼발 재상은 예수회를 연루시켜 영구 추방시키기에 이른다. 포르투갈의 모든 예수회 성당과 건물들이 몰수당했고, 그렇게 비어 있던 상 호크 성당과 부속 건물은 1768년 산타 카자 다 미제리코르디아의 소유가 되었다.

안토니우 비에이라 신부의 동상

　광장에 들어서서 자비의 집으로 가려는데 먼저 우리를 기다리는 동상
이 보였다. 헐벗고 굶주린 아이들 사이로 한 신부가 십자가를 들고 있는
조각상이었다. 바로 안토니우 비에이라 신부^{Padre António Vieira}였다.[44] 그는 17
세기 브라질에 선교사로 파견되었지만 브라질의 노예제도, 식민지 제
도, 종교 재판, 기독교로 개종한 유대인들인 크리스탕 노부에 대한 차별
등을 비판하고 바로잡기 위해 노력했던 인물이다. 그는 예수회 사제였
으나 외교관이었고, 인디언 수호자이자 종교 재판에 맞서는 인권운동가

44　안토니우 비에이라 신부는 17세기 포르투갈 문학에서 중요한 작가로 오늘날에도 높이 평
가되고 있다. 포르투갈의 신비주의 문학을 대표하며 설교집과 서한집을 통해 뛰어난 산문을 남
겼다.

이기도 했다. 당대 안토니우 비에이라 신부가 개선하고자 했던 내용은 자비의 집 수행 항목에서도 확인할 수 있다.

산타 카자 다 미제리코르디아 입구에는 14가지 수행 내용이 새겨져 있는 문장이 있다. 수행 항목에는 산 자와 죽은 자를 위하여 하느님께 기도하는 영적 자비도 있고, 차별받고 굶주리고 아픈 사람들을 돌보라는 육체적 자비도 들어 있다. 전염병으로 죽은 자를 제대로 매장하려는 노력도 했는데 가난한 자들의 장례식은 무료로 치러졌다.

> 노예(포로)를 풀어주고, 투옥된 자를 돌보고, 병자들을 치료하고 도우며, 벌거벗은 자에게 옷을 입히고, 배고픈 사람에게 음식을 주고, 목마른 자에게 마실 것을 주며, 순례자를 보호하고, 죽은 자를 묻어 주기 위해.
>
> - 산타 카자 다 미제리코르디아 14가지 수행 중에서[45]

광장 초입에 있는 상 호크 성당으로 갔다. 사실 상 호크 성당은 포르투갈 최초의 예수회 성당으로 알려졌지만 처음부터 그랬던 것은 아니었다. 성당의 이름에서 알 수 있듯이 전염병의 수호성인 상 호크를 모신 성당이다.[46] 1505년 리스본에도 흑사병이 돌아 많은 사람들이 사망했고 당시 성벽 밖이었던 바이후 알투 지역은 전염병 사망자들의 묘지로 가득

---

45 러셀 우드(A.J.R. Russell-Wood), 《포르투갈 귀족과 박애주의자: 바이아의 자비의 집 (Fidalgos and Philanthropists: The Santa Casa da Misericórdia of Bahia, 1550-1755》, 캘리포니아 대학교 출판부, 1968

46 상 호크는 14세기 프랑스 남부에서 태어나 성 로슈(Saint Roch)로 불린다. 그는 총독의 아들로 태어났지만 재산을 모두 가난한 이들에게 나누어 주고 성 프란체스코에 입회하였다. 로마에서 탁발 순례를 다니던 중 흑사병이 퍼지자, 그는 병든 자들을 찾아 돌보고 기도와 안수로 치료하는 기적을 보였다. 그의 유해는 베니스의 산 로코(San Rocco) 성당에 안치되어 있다.

찾다. 마누엘 1세는 흑사병의 수호성인인 상 호크의 유물을 이탈리아에 요청하면서 성당을 건설했고 1527년에 완성되었다.

1553년 주앙 3세의 요청으로 리스본에 들어온 예수회는 자신들의 본 거지로 상 호크 성당을 지목했다. 성당의 이름은 그대로 유지되었지만 대대적인 공사를 벌여 새 성당으로 바뀌었다. 오늘날 예수회 양식이라고 알려진 특징들을 고스란히 담았는데, 성당의 내부와 외부는 모두 장식없이 단순했다. 바로 포르투갈의 '이스틸루 샹estilo chão'이라고 부르는 소박한 양식이었다. 즉 단일한 공간의 메인 성당과 제단 양편에 있는 카펠라, 그리고 단순한 정문과 창문 등으로 건축되었다.

상 호크 성당의 외관

그런데 이렇게 소박한 양식이었던 성당이 어떻게 화려하게 바뀌게 되었을까. 18세기 초반 주앙 5세 때 식민지 브라질에서 어마어마한 양의 금이 발견되어 포르투갈에 유입되었다. 절대왕정의 시기로 접어 든 포르투갈은 왕실과 종교의 권위를 높이기 위해 화려한 바로크 양식이 필요했다. 이때 단순한 양식이었던 예수회 성당은 쉽게 화려한 장식으로 꾸밀 수 있었다. 그 절정에 있었던 건축물의 하나가 바로 상 호크 성당이었다. 성당은 금장식으로 더욱 화려해졌고 이탈리아로부터 성화와 조각상도 들여 와 유럽에서도 보기 드문 이탈리아 걸작품들이 성당에 채워졌다. 지금까지 만난 리스본의 성당들이 외관은 수수하고 검소해 보이지만 성당 내부가 무척 화려했던 것은 바로크 양식의 영향을 받았기 때문이다.

제단을 향해 다가가보니 위아래로 분할된 벽감에 조각상이 모셔져 있었다. 가운데 성모 마리아를 중심으로 예수회 전통에서 가장 중요한 성인 네 명의 조각상이었다.[47] 메인 제단을 지나 성인들을 모신 카펠라를 둘러보러 갔다. 그중 눈길을 끄는 곳은 단연 상 호크를 모신 카펠라^{Capela de São} Roque였다. 화려한 황금색으로 장식된 제단의 중앙 벽감에 상 호크의 조각상이 놓여 있었다. 상 호크는 환자들을 돌보다가 자신도 흑사병에 걸리고 말았다. 그는 산 속으로 들어가 강아지가 날라 주는 빵을 먹으며 스스로 치료해 나았다고 한다. 그래서 '전염병의 성인'이라 불리는 상 호크의 동상은 다리에 흑사병의 종기가 보이고 강아지도 함께 있는 모습이다. 카펠라 제단의 양쪽 벽은 독특하게도 마졸리카 타일로 장식되어 있었다.

---

47 예수회의 창립자이자 가장 위대한 성인인 이냐시오 데 로욜라(Ignacio de Loyola), 프란시스코 하비에르(Francisco Javier), 알로이시오 곤자가(Aloysius Gonzaga), 프란시스 보르지아(Francis Borgia) 등 네 명의 성인이 모셔져 있다.

상 주앙 밥티스타 카펠라 ⓒ

    이번에는 사람들이 가장 많이 방문하는 곳이자 세상에서 가장 비싼 성인 세례자 요한의 카펠라로 향했다. 이런 '비싼'이라는 수식어가 붙은 것은 1742년 주앙 5세가 의뢰했던 상 주앙 밥티스타 카펠라^{Capela de São João Baptista}가 로마에서 건축되어 왔기 때문이다. 교황 베네딕토 14세의 축복을 받아 건축된 후 해체되어 1747년 리스본으로 옮겨졌다. 그리고 상 호크 성당에 도착해서는 다시 조립되었는데 상아, 마노, 청금석, 금, 은 등의 보석과 대리석으로 만들어 매우 호화로웠다. 카펠라로 들어서니 가운데 프레스코화가 먼저 눈에 들어왔다. 그리스도에게 세례를 주는 요한의 모습이었다. 하얀 천사가 호위하고 황금 장식으로 둘러싼 그림은 화려하면서도 경건했다. 양쪽으로 '수태고지'와 '오순절'을 그린 그림도 있었다. 이탈리아 화가의 뛰어난 솜씨로 완성된 프레스코화와 조각은 오늘날에도 가장 뛰어난 18세기 유럽 예술품으로 알려져 있다.

메인 제단의 화려한 장식과 다채로운 카펠라들을 돌아보느라 이 성당에서 눈여겨보아야 할 또 하나의 중요한 부분을 놓치고 있었다. 잠시 숨을 돌리기 위해 자리에 앉아 천장을 올려다보고 난 후에야 그 사실을 알았다. 그동안 보았던 성당의 천장화에는 역사적 사실을 다룬 대서사시도 있었고 하늘을 그린 천장화도 보았다. 메달리온 조명도 화려했고 배럴볼트의 천장 구조도 신비로웠다. 그런데 지금까지 보지 못했던 천장화가 눈앞에 펼쳐져 있었다. 성당의 천장에는 빛이 들어오는 돔이 보였다. 그런데 실제로 빛이 들어오는 돔이 아니라 그려진 돔이었다. 네 개의 큰 아치 사이로 세 개의 거대한 돔이 보였다. 가운데에 있는 돔에는 큰 십자가를 들고 찬미하는 천상의 세계가 펼쳐져 있고 그 주위로도 성경의 내용을 묘사하는 그림들로 채워져 있었다. 실제로는 없지만 바로 눈앞에 있는 듯한 세밀화는 천장에 새로운 환상의 세계를 펼쳐놓았다.

'트롱프-뢰유trompe-l'œil'라고 부르는 환상적인 천장화 기법은 2차원의 평평한 천장에 3차원의 공간을 표현한 것을 말한다. 주로 창대한 하늘의 모습이나 쿠폴라 같은 공간을 표현한다. 이탈리아의 성당이나 예수회 성당에서는 많이 볼 수 있지만 포르투갈에서는 상 호크 성당이 유일하다. 화려한 성당 내부와 함께 환상적인 천장화까지 더해지자 마치 천상의 세계에 있는 것 같았다.

상 호크 성당의 제단과 천장화

성당을 돌아본 후 다시 광장에 섰다. 이미 해가 저물어 테주 강에서는 시원한 바람이 불어왔다. 한낮에는 뜨거운 태양으로 리스본의 칼사다와 광장이 달아오르지만 이렇게 저녁이 되면 강변의 바람이 도시를 식혀 주었다. 트린다드 코엘류 광장에 앉아 광장의 북쪽을 바라보았다. 상 호크 성당과 상 호크 박물관, 그리고 산타 카자 다 미제리코르디아 본부가 나란히 있었다. 그 속에서 우리는 리스본 역사의 빛과 그늘을 보았다.

상 호크 성당은 전염병으로부터 지켜주는 성인을 모신 성당이자 최초의 예수회 성당이었다. 소박한 성당은 바로크 양식으로 화려하게 발전했지만 폼발 후작에 의해 영구 추방당했다. 그리고 그 자리에 들어선 것은 자비의집, 산타 카자 다 미제리코르디아였다. 자비의 집은 가난하고 차별받는 자들을 보살피고 전염병으로 죽어간 사람들을 고이 묻어주었다. 리스본을 보호하기 위해 '전염병의 수호성인' 상 호크에게 봉헌했던 성당은 몇 세기를 거치면서 오늘날 병자와 약자들을 돕는 자비의 집이 되었다. 죽음과 희생, 부귀와 자비, 추방과 화합이 뒤얽힌 역사의 소용돌이가 모두 이곳에 있었다.

리스본에서 종교의 이름으로 이어 온 역사는 모두에게 많은 과제를 던져줄 것이다. 앞으로 이어질 시간에는 신에게 기도하는 두 손이 자비와 관용, 존중과 사랑으로 꽃 필 것이라고 희망해 보았다.

10. 카르무 수도원 성당 - 폐허의 미학

다시 가헤트 거리로 돌아가 왼쪽으로 가면 카르무 광장이다. 이 자리에 있던 카르무 수도원은 1389년에 위대한 군인 동 누누 알바레스 페레이라가 알주바호타 전투에서 한 맹세를 지키기 위해 지었다. 이 설립자는 신앙을 고백하고 사후 여기에 묻혔다. … 카르무 수도원 교회는 큰 회중석이 셋 있는 굉장한 규모의 교회였으나 대지진 때 일부가 무너졌다. 과거 수도원이었던 건물의 절반 이상은 현재 공화국 군대의 막사로 쓰이고 있다.

- 페르난두 페소아, 《페소아의 리스본》

카르무 수도원 유적은 오늘날 카르무 성당 유적과 고고학 박물관Museu Arqueológico do Carmo으로 사용되고 있다. 그리고 수도원 북쪽 부분은 1845년부터 막사와 근위대 총사령관 공간이었다가 1974년부터 국립 공화국 근위대 박물관Museu da Guarda Nacional Republicana으로 쓰이고 있다.

포르투갈 독립의 역사는 1385년에 일어난 알주바호타Aljubarrota 전투에서부터 시작되었다. 여기서 포르투갈 군대는 스페인(카스티야) 군대를 상대로 큰 승리를 거두었다. 이때 전투를 이끌어 큰 공을 세운 사람이 누누 알바르스 페레이라Nuno Álvares Pereira 장군이다. 그는 주앙 1세의 아비스 왕조를 세우는 데에도 공을 세웠다. 그래서 우리가 만났던 피게이라 광장의 주앙 1세 청동 기마상에도 함께 새겨져 있었다. 또한 코메르시우 광장의 아우구스타 아치에도 누누의 조각상을 볼 수 있을 정도로 포르투갈 역사에 있어 영웅적인 인물이다.

누누 알바르스 페레이라 ⓒ

아내가 세상을 떠나자 누누 장군의 삶은 완전히 달라졌다. 그는 군 생활을 포기하고 자신의 재산도 모두 나누어 준 뒤 카르멜 수도회에 들어갔다. '카르무Carmo'는 카르멜Carmelite의 포르투갈어 이름이다. 1423년 그는 서원을 이행하기 위해 카르무 수도원을 짓기 시작했다. 수도자로 지내며 가난한 사람들을 위해 많은 자선을 베풀었으며, 1431년 모든 성인의 날에 71세의 나이로 눈을 감았다. 그는 자신이 지은 카르무 수도원에 묻혔고 2009년에는 교황 베네딕토 16세에 의해 성인으로 추대되었다.

포르투갈의 영웅이었던 누누 알바르스 페레이라는 상 누누 드 산타 마리아São Nuno de Santa Maria로 시성되어 많은 이들의 존경을 받고 있다.

리스본 대지진으로 많은 성당과 수도원이 파괴되었는데 그 중 카르무 수도원 성당은 가장 많은 피해를 입은 곳 중 하나였다. 포르투갈인들이 많이 사용하는 표현 중에 '카르무와 트린다드가 무너지다Cair o Carmo e a Trindade'라는 말이 있다. 리스본 대지진으로 인해 카르무 수도원과 트린다드(삼위일체) 수도원이 무너진 것에서 유래한 말로 몹시 놀라거나 혼란스러울 때, 또는 두려움을 나타낼 때 사용하는 말이다. 종교 건축물이 파괴되고 아수라장이 된 도시의 모습이 얼마나 충격이었을지 짐작이 가는 표현이다. 마리아 1세 때 카르무 수도원을 재건하려는 움직임이 있었으나 미뤄졌고, 1834년 포르투갈의 모든 수도회가 소멸되면서 복원은 중단되고 말았다. 이후에는 고대 중세 기념물에 대한 의식이 달라지면서 카르무 성당은 재건되지 않고 유적으로 남았다. 카르무 성당은 폐허인 상태로 보존되어 리스본에 덮친 재앙과 피해의 증거이자 그 자체로 역사의 증인이 되었다.

문화재를 복원하지 않고 폐허인 상태로 남긴 예로는 독일의 하이델베르크 고성이 있다. 독일의 미술사학자인 게오르크 데히오Georg Dehio는 하이델베르크 고성 논쟁의 중심에서 문화재의 보존에 대해 말했다. 다만 '유지'하는 것을 기본으로 하며 복구나 수리는 유지가 불가능할 때에만 최소한으로 행하라고 말이다. 그렇지 않다면 문화재를 복원한다는 명분 아래 오히려 문화재를 파괴하는 것이나 다름없는 야만적 행위라고 하였다. 1900년대 문화재와 기념물을 복원하는 과정에서 "보존하되 복원하지 말라Konservieren, nicht restaurieren"라는 그의 주장은 전 세계 역사 유적을 복원할 때의 관행을 바로잡은 지침서가 되었다.[48]

> 하이델베르크 성에 대한 광범위한 구조적 변화가 계획되어 있습니다. 누가 흥분 없이 이 소식을 들을 수 있겠습니까? 덧없음과 영원함, 예술과 자연과 역사가 하나의 인상으로 엮인 이 멋진 전체에서, 그 어떤 인간의 이해만으로, 아무리 위대한 예술가라도, 폭력적인 개입이 발생할 수 있습니다. 그러니 개선해야 합니다!
>
> -게오르크 데히오, 《하이델베르크 성은 어떻게 될까요?》[49]

리스본에는 지진이나 화재 등으로 인해 수리와 복원을 거듭한 나머지 다양한 모습을 지니게 된 문화재들이 많이 있다. 또한 유구한 역사를 지닌 종교 건축물이 다양한 시대적 양식으로 변화해 온 모습도 볼 수 있다. 이러한 건축물은 게오르크 데히오의 관점으로 보자면 태초의 건축물에 담긴 의미는 완전히 사라져 버리고 시간의 흐름도 느낄 수 없는 옛것도 새것도 아닌 문화재인 것이다.

우리는 폐허로 남은 카르무 성당 유적지를 찾아가면서 설렘과 긴장감으로 가득했다. 일부러 사전에 정보나 이미지를 차단한 채 미지의 상태로 옛 카르무 성당Igreja do Carmo의 문을 열었다. 그러자 나타난 것은 성당 내부가 아니라 바깥이었다. 중앙 포털의 문을 통해 안으로 들어갔는데

---

48 게오르크 데히오, 《복원이 아닌 보존:1900년대 기념물 보존에 관한 소책자(Konservieren, nicht restaurieren: Streitschriften zur Denkmalpflege um 1900)》, 비어크호이저 (Birkhäuser) 출판사, 1988

49 게오르크 데히오, 《하이델베르크 성은 어떻게 될까요?(Was wird aus dem Heidelberger Schloß werden?)》, 칼 J. 트뤼브너 (Karl J. Trübner) 출판사, 1901

하늘과 땅, 기둥과 아치만 있는 바깥 풍경이 펼쳐졌다. 마치 18세기 리스본 대지진이 일어났던 그 현장에 서 있는 것 같았다. 어쩌면 그보다 훨씬 이전 누누 장군이 서원하여 수도원을 짓기 시작했던 15세기의 현장일 수도 있을 것이다.

성당은 모두 파괴된 채 앱스 부분을 제외하고는 프레임만 서 있었다. 제단이 있는 앱스 부분은 오늘날 고고학 박물관으로 개장되었고 성당 내부였을 라틴크로스 구조의 모든 공간은 기둥과 아치 프레임만이 남은 상태로 열려 있었다. 본당은 새가 날아드는 정원이 되었고 천장화가 펼쳐져야 할 지붕에는 리스본의 짙푸른 하늘이 걸려 있었다. 햇살과 그늘, 파란 하늘과 구름, 바람에 흔들리는 풀들이 기둥과 석재 유적들 위로 일렁이고 있었다.

카르무 성당 유적은 문명을 복원하는 대신 오랜 '시간'을 그대로 보존하였다. 카르무 성당은 인간이 만든 '문명'이지만 유적은 생성과 쇠락을 겪는 '자연'과 같은 상태가 되었다. 게오르크 데히오가 역설한 것처럼 예술과 역사와 자연이 결합된 유적지의 아름다움은 '무상함'과 '영원함'을 간직하고 있었다. 그가 오래된 유적지에 왜 손을 대지 말라고 했는지 조금은 알 것 같았다. 우리는 폐허의 아름다움으로 가득한 카르무 성당 유적지에서 시간을 어떻게 보존하고 유지해야 하는지를 생각해 보았다.

폐허의 카르무 수도원 성당

카르무 유적지에 있는 성인 얀 네포무키 동상

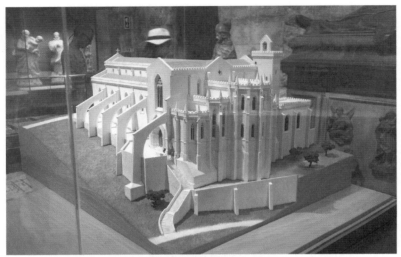

건축 당시 카르무 성당의 모습

과거와 현재를 이어 주는 카르무 유적지는 최근 새로운 변신을 하였다. 1988년 시아두 화재 이후에 지역 복구 계획을 세웠는데 카르무 성당에서 가헤트 거리를 잇는 작업도 들어 있었다. 건축가 알바루 시자 비에이라Álvaro Siza Vieira는 카르무 성당의 뒤쪽을 열어 테라스를 조성하고 가헤트 거리로 내려가는 지그재그 길을 만들었다. 이 길은 '카르무의 달팽이Caracol do Carmo'라고 부른다. 사실 이 길은 예전부터 있던 옛길인데 다시 복구하여 2015년에 완성되었다.

카르무 유적지를 나와 측면의 플라잉 버트레스를 구경하며 걸었다. 아직도 버트레스 프레임은 시간을 굳건히 견디고 있었다. 길 끝에 이르자 성당 뒤편으로 테라스가 펼쳐졌다. 고색창연한 폐허의 성당과 테라스에서 커피를 즐기는 모습은 시공간적으로 매우 이색적인 풍경이었다.

앞으로는 이 지역이 또 어떻게 변할지 카르무 유적지의 미래를 상상해 보았다.

우리는 지그재그 계단을 내려오면서 깊은 상념에 잠겼다. '시간의 흔적은 어떻게 남겨지는 것일까.' 하고 말이다. 기억은 보존되기도 하고 때로는 곡해되기도 한다. 문명도 시대에 따라 퇴색되지만 보존되는 것도 있고, 새로워지면서 훼손되기도 한다. 오늘 폐허가 된 성당 유적지를 보면서 시간의 흔적이 문명과 어떻게 이어져야 하는지 되새겨 보았다.

카르무 유적지 뒤편의 테라스

리스본 도심 지도

PART 2 리스본에서 만난 성당

PART 3   리스본에서 만난 문학과 예술

산 세바스티안이나 파리만큼 안개가 많은 도시일
거라 상상했었다. 투명한 공기, 붉은 황토색이 뚜
렷한 가옥들, 하나같이 똑같은 빨간 지붕들, 방금
내린 빗물처럼 영롱함이 감싸는 도시 언덕에 정적
인 황금빛줄기는 그를 놀라게 했다. …

"리스본에 들어가는 것은 세상의 끝에 도달하는
것과 같을 거야."라고 말했던 것이 떠올랐다.

- 안토니오 무뇨스 몰리나, 《리스본의 겨울》

1. 베르트랑 서점 - 세상에서 가장 오래된 서점

 예로부터 관료들의 거리인 테헤이루 두 파수, 정치의 중심인 상 벤투 등에 비해 시아두는 문인들의 거리였다. 1846년 가헤트 거리에는 지식인들 중심으로 '리스본 문학인들의 길드^{Grémio Literário de Lisboa}'가 세워지면서 포르투갈 낭만주의가 발전했다. 19세기 말에 이르러서는 시아두의 카페와 레스토랑, 서점과 극장 등으로 예술가들이 모여 들면서 포르투갈의 '벨 에포크^{Belle Époque}'를 화려하게 꽃피웠다. 그래서 사람들은 카몽이스 광장에서 카르무 수도원에 이르는 거리를 리스본 속의 '수도'라고 불렀다. 에사 드 케이로스의 소설《마이아가의 사람들^{Os Maias}》에는 이러한 구절이 나온다.

 "시아두는 포르투갈 바로 그 자체다."[50]

---

50 에사 드 케이로스, 《마이아가의 사람들(Os Maias)》, 샤드롱 서점(Livraria Chardron) 출판, 1888

시아두에 있는 베르트랑 서점 Livraria Bertrand은 포르투갈 문학의 중추적인 역할을 해 왔다. 에사 드 케이로스, 안테루 드 켄탈, 페르난두 페소아 등 포르투갈의 대표적인 작가들이 드나들었고 문인들이 모이는 교류의 장소였다. 세상에서 가장 오래된 서점인 베르트랑 서점은 언제부터 책의 향기를 전해왔을까.

18세기 무렵 프랑스 출신의 인쇄업자와 서적상들이 포르투갈에 도착하면서 서점의 출발을 이끌었다. 1732년에 설립된 베르트랑 서점은 설립자의 사위였던 베르트랑Bertrand과 그 형제들이 사업을 이어 나갔다. 베르트랑 서점이 프랑스 이름을 가지고 있는 것도 바로 이 때문이다. 리스본 대지진 때에는 피해를 입어 잠시 다른 곳으로 옮겨 운영하기도 했지만, 폼발린 도시재건 때 지금의 가헤트 거리로 다시 돌아왔다. 서점은 소유주가 여러 번 바뀌는 등 어려운 시기를 겪기도 했지만 베르트랑 서점의 역사는 끊어지지 않았다. 현재는 포르투의 거대 출판회사 포르투 에디토라Porto Editora에 인수되어 시아두 본점 외에도 포르투갈 전역에서 베르트랑 서점을 만날 수 있다.

가헤트 거리에서 마르티르스 성모 대성당을 지나자 파란색 아줄레주 벽에 빨간색의 'B' 글자가 돋보이는 건물이 눈에 들어왔다. 서점과 카페 Livraria & café라고 쓰인 입구 옆에는 세상에서 가장 오래된 서점을 알리는 기네스 세계 기록 마크가 걸려 있었다. 서점 안으로 발을 들여놓자 책으로 가득한 세상이 눈앞에 펼쳐졌다.

가헤트 거리의 베르트랑 서점 입구

베르트랑 서점 내부

오 야망이여! …

내가 되고 싶었던 것은 가난한 애서가!

영원히 펼쳐진 책장 앞에 서서 …

– 페르난두 페소아, <애서가O BIBLIÓFILO>[51]

서점에 들어서자마자 페르난두 페소아와 주제 사라마구의 컬렉션이 눈에 들어왔다. 책장에는 포르투갈의 대표적인 두 작가의 작품이 모두 모여 있었다. 그 앞에는 묵직하면서도 안락해 보이는 소파가 놓여 있어 앉아보니, 마치 작가의 서재에 들어온 것처럼 황홀해졌다. 우리는 소파에 앉아 페소아와 사라마구의 책을 가져와 마음껏 구경했다.

가헤트 거리의 페소아 동상을 보고 그의 인기를 짐작할 수 있었지만 이곳에 전시된 책들을 보니 그 이상이었다. 페르난두 페소아는 20세기 초 포르투갈 모더니즘 작가로 자신의 이름보다 '이명'으로 더 많은 작품을 남겼다. 대표적으로 알베르투 카에이루, 알바루 드 캄푸스, 히카르두 헤이스 등이 있다. 서점에는 각각 다른 작품세계를 갖고 있는 이명작가들의 시집이 많이 진열되어 있었다. 또 페소아가 세상을 떠난 후 트렁크 안에서 발견되었다는 무수한 원고들은 《불안의 책Livro do desassossego》으로 출간되었다. 서점에는 전 세계 다양한 언어로 번역된 페소아의 책이 독자들을 기다리고 있었다.

---

51 페소아 아카이브 http://arquivopessoa.net/textos/2757

주제 사라마구는 포르투갈 문화권에서 유일하게 노벨문학상을 수상한 작가이다. 50세가 넘어 작가의 길로 들어섰지만 왕성한 집필활동으로 많은 작품들을 남겼다. 특히 자신만의 '사라마기아노'라는 독특한 문체와 '환상적 리얼리즘'의 작품세계는 상상력이 결여되고 경직된 세상에 경종을 울렸다. 또한 비현실적인 상황 설정과 신랄한 풍자가 담긴 그의 작품은 현대사회를 살아가는 이들에게 성찰의 기회를 주었다. 사라마구가 노벨문학상을 수상하게 된 계기가 된 작품《수도원의 비망록》과 영화화 된《눈먼 자들의 도시》가 널리 알려져 있다. 테주 강변의 카자 두스 비쿠스에는 주제 사라마구의 기념관이 있으며 그는 기념관 앞에 있는 올리브 나무 아래에 잠들어 있다.

주제 사라마구의 작품이 진열된 책장

페소아와 사라마구의 책을 내려놓고 나니 그제서야 서점의 독특한 구조가 눈에 들어왔다. 서점은 홀에서 다른 홀로 이어지는 구조였는데 아치형 복도로 연결되어 있었다. 초기에는 작은 공간으로 시작했지만 1960년 무렵 전성기를 이루었을 때 건물 안쪽으로 공간을 계속 확대해 나갔다. 오늘날에는 가헤트 거리로 나 있는 입구에서 안시에타 거리가 있는 골목 안쪽으로 6개의 공간이 연결되어 있다.

서점의 아치형 복도

첫 번째 홀을 지나자 아치형 복도에는 오래 전 서점의 모습이 담긴 흑백사진이 있었다. 많은 시간이 흘렀지만 가헤트 거리와 베르트랑 서점은 예전 모습을 그대로 간직한 듯 보였다. 통로를 지나자 주제별로 된 서점 공간이 나타났다. 아치형 복도를 통과할 때마다 다음엔 어떤 책 공간이 나타날지 기대감과 즐거움이 배가 되는 구조였다. 서점은 조용한 분위기였다. 바깥 거리에는 사람들의 물결로 떠들썩했지만 이 안에는 애서가들이 모여 책 세상에 빠져 있었다. 자신만의 독서 시간을 만끽하는 사람들, 책을 고르고 책에 대해 문의하고 대화를 나누는 사람들로 가득했다. 한쪽에는 희귀한 고서적도 볼 수 있었는데 상당한 가치가 있는 책들은 열쇠가 달린 책장 안에 들어가 있었다. 한편으로는 크기가 작고 가벼워서 들고 다니며 읽기에 좋은 책들도 보였다. 시대소설에서부터 철학, 인문, 사회, 경제 분야 등에 이르기까지, 다양한 분야의 책들이 다양한 언어로 출판되어 있었다. 무엇보다 유럽의 물가에 비해 책의 가격은 상대적으로 무척 저렴했다. 페소아처럼 가난한 애서가인 우리도 눈을 반짝이지 않을 수 없었다.

서점의 복도에 있는 페르난두 페소아 그림

마지막 홀은 베르트랑 서점의 카페였다. 강렬한 붉은색으로 꾸며진 카페의 벽에는 페소아의 모습이 그려져 있었다. 아치형 복도에 있던 페소아 그림까지 모두 브라질 출신의 젊은 여성화가 타마라 알비스^{Tamara} ^{Alves}의 작품이었다. 가벼운 스케치의 그림은 마치 공기 중에 떠도는, 존재하지 않으면서 존재하는 듯한 페소아를 잘 표현해주고 있었다. 카페에서 밖으로 나오자 마르티르스 성모 대성당이 맞은편에 있었다. 저 멀리 가헤트 거리의 북적거림과 리스본의 따가운 햇살을 피하기 위해 우리는 다시 서점 안으로 들어갔다.

하나의 도시를 알기 위해서는 서점에 가 보아야 한다. 시아두의 베르트랑 서점이 오랜 역사를 이어올 수 있었던 것은 책을 사랑하고 향유해 온 독자들이 있었기 때문일 것이다. 그리고 시대를 넘어 변함없이 간직해 온 문학의 힘은 리스본 문화의 향기로 남을 것이다.

> 그레고리우스는 그 책방에 오래 머물렀다. 어떤 도시를 그곳에 있는 책을 통해 알아가는 것, 이는 그가 언제나 해 오던 일이었다. …
> 이제 그는 천장까지 닿는 책장에 꽉 찬, 얼마 전까지만 해도 전혀 읽을 수 없었던 포르투갈 책들 앞에 서서 이 도시와 만났다는 느낌을 받았다.
>
> - 파스칼 메르시어, 《리스본행 야간열차》

2. 페이라 두스 알파하비스타스 - 잊힌 책들의 묘지

토요일 아침 시아두로 나가 안시에타 거리^{Rua da Anchieta}에서 열리는 책시장을 찾아갔다. 이 골목은 좀 특별한 장소인데 골목의 서쪽이 마르티르스 성모 대성당이고 동쪽이 베르트랑 서점이기 때문이다. 리스본에 세워진 최초의 기독교 성당과 세상에서 가장 오래된 서점이 있는 이 거리는 단연 최고의 명소라고 할 수 있다. 이곳에 들어서니 베르트랑 서점의 아줄레주 건물과 성당의 종탑까지 포함해 풍경 속에 모두 담겨 있었다. '토요일의 책시장', '오픈 중고서점' 등 여러 이름으로 불리고 있는 이곳의 정식 이름은 페이라 두스 알파하비스타스^{Feira dos Alfarrabistas}인데 '중고책시장'이라는 뜻이다. 20여 년 전 카르무 광장에서 잠시 책을 사고 팔 예정으로 시작되었던 책시장이 지금까지 이어져 오고 있다고 한다.

골목에는 리스본의 하늘같은 파란 테이블보를 펼치고 상인들이 책을 진열하고 있었다. 상자를 열어 책을 꺼내기 시작하는 상인들도 있고 벌써 진열을 마치고 의자에 앉아 책을 읽기 시작하는 상인들도 보였다. 책시장이 시작되기 전이지만 골목 안에는 많은 사람들이 들어와 있었다.

책시장을 준비하는 상인들

　상인들의 테이블에는 서적만 있는 게 아니라 오래된 골동품들도 많았다. LP판, 포스터, 팸플릿, 지도, 화집까지 오래된 물건들이 다양하게 진열되어 있었다. 심지어 개인이 주고받은 편지, 사진, 엽서 같은 것도 보였다. 아마도 여기에는 사소하지만 역사 속에 비어있는 공백을 메워줄 내용들도 있을 것이다. 우리는 리스본의 옛 거리와 광장 등을 찍은 사진이나 옛 지도에 관심이 갔다. 지금의 리스본과 크게 다르지 않다는 것이 신기할 정도였다. 시대의 흔적을 고스란히 간직하고 있는 리스본이기에 고서적과 골동품 시장도 많은 듯하다. 그만큼 이 도시는 옛 리스본과 오늘의 리스본을 모두 품고 있었다.

새 책이 아닌 서적을 흔히 헌책, 중고서적이라고 부르고 있다. 하지만 단지 처음 소유하는 책이 아니라는 이유만으로 낡았다는 뜻의 '헌'이라든가, 오래되었다는 뜻의 '중고'라는 단어를 쓰는 것은 책을 사랑하는 사람들에게는 늘 불만이지 않았을까. 그런데 오늘 우리는 북마켓에 와서 문화권에 따라 다양한 표현이 있다는 걸 알게 되었다.

포르투갈에서 중고서적이라는 뜻으로 사용되고 있는 '알파하비스타스Alfarrabistas'는 '두 번째 스승'이라는 의미도 가지고 있다. 이 단어의 어원은 포르투갈어 '알파하비오Alfarrábio'인데 오래된 책, 또는 출판된 지 오래되어 가치가 있는 책이라는 뜻을 가지고 있다. 그런데 어원을 좀 더 따져보면 이슬람 철학자 '알파라비al-Farabi'로까지 거슬러 올라간다. 그는 중세 유럽의 기독교 세계에 아리스토텔레스의 사상을 전수하는 과정에서 결정적인 역할을 한 학자이다. 철학자들에게 큰 영향을 끼친 알파라비는 아리스토텔레스에 이어 두 번째 스승으로 불렸다. 이렇게 알파라비의 학문에 대한 기여가 오래된 책을 부르는 이름에 담겨 있었다.

다른 언어권에서도 이와 비슷한 의미를 찾을 수 있었다. 독일어권에서도 중고서적Gebrauchte Bücher이라는 단어에 '두 번째'의 의미가 담겨 있었고, 프랑스어권에서는 중고서적Livres d'occasion의 단어에 '우연한 기회의 책'이라는 의미가 포함되어 있었다. 이러한 의미를 담아 부르는 이름에는 책을 대하는 마음과 책에 대한 가치도 담겨있다는 생각이 들었다. 다른 문화권에서도 책을 부르는 아름다운 표현이 더 많지 않을까.

오늘 우리는 책시장에서 최고의 이름을 새로 발견했다. 사실 책시장을 구경하는 동안 대부분 포르투갈어로 쓰인 책이다 보니 영어로 된 책이나 포르투갈 번역서 정도만 알아볼 수 있었다. 그러던 중 눈앞이 환해지는 느낌이 들면서 테이블에 놓인 책 한 권을 발견했다. 우리의 눈길이 닿은 곳은 스페인 작가 카를로스 루이스 사폰의 《바람의 그림자La sombra del viento》였다. 포르투갈어로는 '아 솜브라 두 벤투A sombra do vento'라고 쓰여 있었다.

《바람의 그림자》의 포르투갈 번역본

카를로스 루이스 사폰Carlos Ruiz Zafón은 우연히 본 미국의 책 창고 때문에 이 책을 쓰게 되었다고 한다. 그 후 '잊힌 책들의 묘지The Cemetery of Forgotten Books'라는 프로젝트를 계획했고 그 시리즈의 첫 번째 소설이 바로 《바람의 그림자》였다. 2001년 출간한 소설은 전 세계적으로 큰 인기를 끌었고 시리즈는 모두 4권으로 완결되었다.

책시장의 많은 책들 가운데에서《바람의 그림자》가 눈에 띈 것은 낯익은 표지 때문이었다. 처음 책이 출간되었을 때 제목과 함께 책 표지 사진은 많은 독자들을 매혹시켰다. 미로 같은 서점을 찾아가기 위해 아버지가 아이의 손을 잡고, 안개 낀 새벽에 거리에 나서는 모습은 마치 영화의 한 장면 같았다. 책장을 열면 표지의 장면처럼 이야기가 시작된다.

> 람블라스 거리의 가로등들은 연신 깜빡이면서 안개 낀 길을 비추고 있었다. … 그 좁은 길을 따라갔다. 땅에 닿기도 전에 부서져 버리는 빛의 숨결처럼 새벽 여명이 발코니와 벽의 돌출부 장식으로부터 스며 나왔다.
>
> 그곳은 빛이 원형 지붕을 뚫고 쏟아지는 진정한 어둠의 바실리카(옛 로마의 교회당)였다. 책으로 가득 찬 복도들과 책장들의 미로가 바닥부터 천장까지 솟아 있고, 다리와 터널, 돌계단, 발코니들이 엮이면서, 기하학적으로 불가능한 구조의 거대한 도서관을 연상시켰다. 나는 입이 떡 벌어져 아버지를 보았다. 아버지는 내게 윙크하며 미소를 지어 보였다.
>
> "다니엘, '잊힌 책들의 묘지'에 온 걸 환영한다."
>
> "도서관 하나가 사라질 때, 서점 하나가 문을 닫을 때, 그리고 책 한 권이 망각 속에서 길을 잃을 때, 이곳을 아는 우리 수호자들은 그 책들이 이곳에 도착했는지 확인한단다. 이곳에는 아무도 기억하지 않는 책들, 시간 속에서 길을 잃은 책들이 언젠가는 새로운 독자, 새로운 영혼의 손에 닿길 기다리며 영원히 살고 있지."
>
> - 카를로스 루이스 사폰,《바람의 그림자》

《바람의 그림자》에서 아버지가 다니엘에게 소개한 책 세상은 책을 사랑하는 사람들을 황홀하게 만들었다. 헌책, 중고서적이라고 부르는 책은 '아무도 기억하지 않는 책들'이거나 '시간 속에서 길을 잃은 책들'이다. 그리고 '언젠가는 새로운 독자, 새로운 영혼의 손에 닿길 기다리며 영원히 살고' 있는 책들인 것이다. 전 세계 책을 사랑하는 독자들을 대신해 카를로스 사폰이 바친 오마주는 오래토록 감동을 안겨 주었다.

'잊힌 책들' 과의 만남을 기대하는 독자들

두 번째 스승이 되는 책, 또 한 번의 기회로 만나는 책, 시간 속에서 잠시 길을 잃은 책들과 만나기 위해 골목을 찾은 많은 독자들은 페이라 두스 알파하비스타스를 떠날 줄 몰랐다. 그들은 자신을 기다리는 책이, 자신의 영혼과 대면할 책이 분명히 있을 거라는 믿음으로 한 권 한 권씩 눈을 맞추고 있는 듯 보였다.

골목 앞의 가헤트 거리에는 흥성거림이 가득한데, 골목 안에는 책과
의 만남으로 고요만이 감돌고 있었다. 토요일마다 리스본의 안시에타
거리에는 책 세상이 펼쳐진다. 설렘을 갖고 찾아 온 미래의 독자들에게
책들은 인사를 건넨다.

"잊힌 책들의 묘지에 온 걸 환영한다."

베르트랑 서점 안에서 본 책시장

3. 레르 드바가르 서점 - 모든 좋은 일은 천천히 이루어진다

리스본에는 200년의 역사를 훌쩍 뛰어넘은 세상에서 가장 오래된 서점 베르트랑 서점이 있다. 그에 비해 20주년을 맞은 짧은 역사의 레르 드바가르 서점도 있다. '천천히 읽는다Ler Devagar'라는 뜻의 레르 드바가르는 오늘날 리스본에서 가장 큰 주목을 받고 있는 서점이다. 20주년을 맞아 열린 기념식에서 레르 드바가르 서점은 지금이 바로 '출발이자 완성'이라는 말을 했다. 이 특별한 서점이 지금까지 완성한 것은 무엇이고, 또 미래를 향해 새롭게 출발하려는 것은 무엇일까.

오늘날 포르투갈뿐만 아니라 전 세계 서점과 출판 시장은 불안하고 암울하다. 앞으로 책과 서점이 가야 할 방향에 대해 알고 싶어서 우리는 레르 드바가르 서점을 찾아갔다. 서점은 리스본에서 가장 인기있는 장소인 LX Factory 내에 있었다.

LX Factory는 1846년 알칸타라 항구 가까이 방직공장이 있던 자리에 들어섰다. 방직공장은 리스본의 중요한 경제활동의 산실이었지만 세월이 흘러 공장으로서의 기능을 잃자, 2008년부터 LX Factory로 탈바꿈하였다. 이곳은 오늘날 서로의 아이디어를 나누며 자유롭게 일하는 혁신 창업 프로젝트의 공간으로 사용되고 있다. 예전 방직공장으로서의 산업지대는 오늘날 시대에 발맞추어 현대 워크스페이스로 거듭났다.

LX Factory와 멀리 보이는 4.25 다리

LX Factory에 도착하니 위로 4.25 다리가 보였다. 대규모 단지이지만 레르 드바가르 서점은 입구 가까이에 있어 바로 찾을 수 있었다. 서점에 들어서자 4층 높이의 공간이 수직으로 한눈에 펼쳐졌다. 바닥에서 천장까지 공간 구분 없이 확 트여 있어 시각적으로 대단한 비주얼을 자랑했다. 그리고 이 서점의 트레이드마크인 '하늘을 나는 자전거'가 높은 허공에서 질주하고 있었다. 탁 트인 공간에 가득 찬 책과 자전거를 타고 하늘을 나는 조형물을 보니 판타지의 세계로 들어선 기분이었다.

입구에서 바라본 서점 내부 모습

2층으로 올라가는 철제 계단이 V라인을 이루며 양쪽으로 올라가도록 되어 있었다. 왼쪽으로 올라가면 작은 갤러리로 이어지고 오른쪽 계단으로 가면 인쇄기가 보이는 곳으로 갈 수 있었다. 2층으로 올라가 갤러리로 가는 동안 책장을 구경해 보았다. 책장에는 테마별, 시대별, 나라별로 잘 정리되어 있었고 서점 직원들의 추천 도서, 각종 기념행사를 위한 책 등이 배치되어 있었다.

작은 갤러리를 보고 나와 인쇄기가 있는 맞은편으로 갔다. 좁은 복도를 따라 가며 다시 한 번 '하늘을 나는 자전거'를 보았다. 1층에서 올려다 볼 때와는 다르게 책으로 가득한 서점을 내려다보며 날개 달린 자전거를 보니 우리도 함께 비상한다는 느낌을 주었다. 갤러리 반대쪽으로 가서 실제로 포르투갈의 신문 <이스프레수Expresso>를 찍었다는 인쇄기를 보았다. 오늘날에도 대중들이 가장 많이 보는 신문 중 하나이다. 1987년부터는 '페소아 상 Prémio Pessoa'을 만들어 포르투갈 문화를 이끌어 가고 있는 곳이기도 하다.

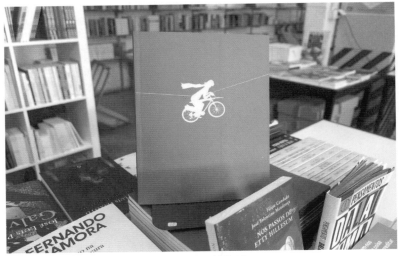

레르 드바가르 서점의 로고

　거대한 인쇄기 주위로는 추상화 몇 점과 키네틱 아트가 전시되어 있었는데 그 사이로 신문 기사 하나가 붙어있는 게 보였다. 신문에는 방금까지도 한 무리의 여행객들에게 열심히 안내를 해 주던 할아버지의 사진이 있었다. 그가 바로 '하늘을 나는 자전거'를 만든 주인공 피에트로 프로세르피오 Pietro Proserpio였다.

Pietro Proserpio, o Gepeto da mecânica que habita numa livraria da Lx Factory

É simultaneamente artista cinematico e contador de histórias. Sempre esteve relacionado com a indústria têxtil, mas desde cedo um outro destino insistia em atravessar-se no seu caminho: a paixão pela mecânica. Pietro Proserpio é fascinado pelo tempo e todas as suas peças têm uma história para contar

Vidas
Cláudia Carvalho Silva

피에트로 프로세르피오가 소개된 신문

    신문의 인터뷰 내용을 보니, 그는 이탈리아인으로 어렸을 때 방직공장에 일자리를 찾아온 아버지를 따라 리스본에 오게 되었다고 한다. LX Factory가 옛 방직공장 단지였던 걸 생각하면 이 서점과의 관계도 우연이 아닌 듯하다. 피에트로는 손으로 장난감 만들기를 좋아해서 수명이 다 된 모터나 컴퓨터 부품, 쓰레기 조각 등을 가져와서 작품을 만들어 왔다는데 그의 별명이 피노키오를 만든 제페토Geppetto인 이유를 알 것 같았다. '하늘을 나는 자전거'를 제작할 때도 버려진 부품으로 자전거를 만들어 날개를 달았더니, 조각가인 아내가 소녀 인형까지 만들어 주어 지금의 작품으로 완성되었다고 한다. '하늘을 나는 자전거'는 레르 드바가르 서점의 상징이 되었다.

"모든 좋은 일은 천천히 이루어진다."는 믿음을 가지고 출판계를 이끌고 있는 레르 드바가르 서점의 주인은 주제 피뉴José Pinho이다. 그는 오늘날 포르투갈 출판계와 문학계에서 큰 영향력을 발휘하고 있는 인물이다. 주제 피뉴가 지금까지 걸어 온 행보를 통해 레르 드바가르 서점이 추구하는 바를 살펴보자.

그는 1999년 바이후 알투 지역에서 처음으로 중고서점을 열었다. 그후 시네마테크와 갤러리, 철학 서점 등을 다양하게 운영해 왔다. 그는 주로 비어있는 공간이나 버려진 공간을 찾아 서점이나 문화공간을 열었다. 하지만 그 자리에 비싼 부동산 가격이 매겨지면 다시 옮겨 다닐 수밖에 없었다. 이후로도 그는 주목받지 못하는 장소나 쇠락한 마을 등을 찾아다니며 문화적 장소로 탈바꿈하는 작업을 계속해 나갔다. 예전 방직공장이었던 이곳이 LX Factory로 조성되었을 때 레르 드바가르 서점이 초청된 것도 지금까지 주제 피뉴의 활동으로 보면 무척 자연스러운 일이다.

최근 주제 피뉴는 오비두스에 책 마을을 조성하여 큰 주목을 받았다. 오비두스Óbidos는 리스본에서 북쪽으로 1시간 정도 떨어져 있는 옛 로마의 성곽 도시이다. 이 조용한 시골 마을에 비어있는 공간을 복원하여 서점으로 탈바꿈하는 프로젝트를 진행했다. 시장이나 잡화점에도 책이 진열되어 서점을 겸하게 되었고, 기능을 잃은 교회와 지역 호텔 등을 포함하여 총 9개 장소가 프로젝트에 참여했다. 이 한적한 시골마을에 수백만 권의 책이 진열되자 많은 사람들이 찾아오면서 지역 활성화에도 큰 기여를 했다.

오비두스 책마을 축제 ⓒ

유서 깊은 장소와 책마을 중심으로 오비두스 책 축제FOLIO : Festival Literário Internacional de Óbidos도 매년 개최되고 있다. 2015년 오비두스 책 마을은 유네스코에서 지정한 문학 도시로 선정되었다. 그동안 주제 피뉴가 책을 통해 장소나 지역을 살아나게 했던 노력은 오비두스 책 마을에서 화려하게 꽃을 피웠다. 주제 피뉴는 레르 드바가르 서점 외에도 여러 서점을 경영하고 있다. '리스본의 새로운 프랑스 서점Nouvelle Librairie Française de Lisboa'을 운영하면서 포르투갈과 프랑스의 활발한 문학 교류를 이끌어 왔다. 무엇보다 놀라운 소식이라면 페린 서점Livraria Ferin을 인수한 일이다. 1840년 벨기에 사람이 정착하여 문을 연 페린 서점은 베르트랑 서점 다음으로 오랜 역사를 지니고 있다. 제본 공방도 함께 있어 왕실의 책을 담당했고 19세기 말 이후 많은 문학인들의 사랑을 받아온 서점이다. 이 역사적인 서점이 경영난을 겪자 주제 피뉴는 페린 서점의 경영에까지 참여하게 되었다. 페린 서점은 오비두스 책 마을에 2호점을 열었다.

오늘날 거대 기업이 운영하는 서점들에 밀려 수많은 작은 서점들이 문을 닫았다. 이제 대형 쇼핑몰 속에 입점한 서점들은 책을 공산품처럼 취급하고 독자를 소비자로 전락시켰다. 이런 상황에서 주제 피뉴가 페린 서점을 인수한 것은 리스본에서 두 번째로 오래된 역사를 가진 서점이 자본주의 시장에서 사라지는 걸 방관할 수 없었기 때문일 것이다. 오늘날 책을 둘러싼 시장이 다시 활기를 되찾기 위해서는 높은 임대료, 종이책을 위협하는 전자책의 등장, 거대 체인망으로 독식하려는 산업 자본주의 위협 등 복잡하고 다양한 문제들을 해결해 나가야 한다. 문학을 사랑하는 도시, 리스본이 이 난관을 잘 헤쳐 나갈 것인지, 글로벌 자본주의에 잠식당하고 말 것인지, 그 기로에서 주제 피뉴는 책 세상에 희망을 걸고 있다.

주제 피뉴의 모습 ⓒ

앞서 레르 드바가르의 20주년 기념식에서 지금이 출발이자 완성이라는 말을 한 주제 피뉴는 1999년에 문을 연 바이후 알투의 서점과 현재의 서점이 "서로 반대이자 역설적으로 정확히 동일하다."고 말했다.[52] 소규모 자본으로 아무도 생각하지 못했던 책 문화를 열었던 초기와는 달리 지금은 자본과 재정은 늘었지만 오히려 단골은 줄어들고 사진 찍는 관광객의 출입만 늘어난 상황을 지적한 말이다. 하지만 주제 피뉴는 작은 서점이 생존할 수 있도록 계속해서 아이디어를 만들어 내고 활동해 왔다. 2020년에는 독립 서점 네트워크Rede de Livrarias Independentes를 만들었는데, 작은 서점을 위태롭게 하는 출판 시장의 위기를 사회 및 공공기관과 조율해 나가기 위해서이다.

주제 피뉴는 책과 서점의 미래에 대해 낙관적이다. 그는 위기가 있을 때마다 서점을 유지해 온 것은 책을 사랑하는 독자가 있었기 때문이라고 한다. 책의 힘을 믿고 책을 사랑하는 독자와 함께 지금까지 왔다고 말이다. 그들의 기대를 저버리지 않기 위해서라도 그는 더욱 맹진하고 있다. 그래서 어려운 출판 시장 속에서도 "모든 좋은 일은 천천히 이루어진다."는 믿음과 철학은 변함이 없어 보인다.[53]

---

52 우구 제아다(Hugo Geada), "레르 드바가르 20주년을 맞아 주제 피뉴 인터뷰", 일간지 《푸블리쿠(Público)》, 2019년 6월 15일

53 주제 피뉴는 2019년 일간지 《푸블리쿠(Público)》와의 동일한 인터뷰에서 다음과 같이 말했다. "가끔 20년은 더 버틸 수 있느냐고 묻는다. 나는 모른다. ⋯ 내일 그 사랑이 끝나더라도 영원히 사랑할 거라고 생각한다." 주제 피뉴는 69세의 나이로 2023년 5월 30일 세상을 떠났다.

"시대적 변화의 징후를 살펴보세요. 관광객뿐만 아니라 도시 자체에도 변화가 일어나고 있습니다. 한편 서점은 세계적 수준의 명소가 되었으며, 이는 분명히 영광스럽지만 큰 위험을 수반하고 있습니다. 포르투의 렐루Lello 서점이나 베네치아의 아쿠아 알타Acqua Alta 서점에 무슨 일이 일어났는지 보세요. 이제 독자, 사람, 장소와의 관계에도 급격한 변화가 생겼습니다. 당신은 결코 그런 박제화를 원하지 않을 것입니다.

우리는 끊임없이 새로운 것을 추구할 것입니다. 시대, 즉 세계와 배경을 바라보고 대응하기 위해 계속해서 노력할 것입니다. 책과 문화적 이니셔티브로, 토론과 컨퍼런스로 말이죠. 아마도 항상 더 많은 서점과 친구들이 함께 할 것입니다."

- 주제 피뉴, 레르 드바가르 서점 20주년 기념사에서[54]

　　서점을 나오기 전에 한 번 더 '하늘을 나는 자전거'를 올려다보았다. 피에트로는 이 조형물을 '꿈꾸는 소녀Menina Dreamer'고 불렀다. 그건 아마도 책 세상을 꿈꾸며 비상하고 있는 주제 피뉴의 모습이 아닐까 생각해 보았다. 그러고 보니 주제 피뉴뿐만 아니라 책을 사랑하는 우리 모두의 모습이기도 하다. 레르 드바가르 서점을 나오며 세상에서 책과 서점이 사라질지도 모른다는 불안과 걱정은 말끔히 사라졌다. 레르 드바가르 서점이 추구하는 책 세상에 우리도 희망을 걸어보기로 했다.

54　레르 드바가르 서점 사이트 https://lerdevagar.com/20-anos/

레르 드바가르 서점의 '꿈꾸는 소녀'

4. 이스트렐라 정원 - 정원 풍경을 담은 문학

캄푸 드 오리크는 포르투갈의 시대적인 면모가 많이 남아있는 곳이다. 거리는 여전히 19세기 건물들로 둘러싸여 있고 그 사이로 노란 28번 트램이 지나다닌다. 저녁에 이스트렐라 대성당에서 종소리가 울리면 거리는 마치 예전 시대로 돌아간 것 같았다. 성당의 맞은편에는 이스트렐라 정원Jardim da Estrela이 있다. 정원은 이스트렐라 지역과 하투 지역을 나누는 경계에 있는데, 리스본에서 우리가 머문 곳이 하투 지역이어서 이스트렐라 정원을 자주 찾아가곤 했다.

정원에 도착할 때쯤 원형 로터리에 이르니 인상적인 동상이 서 있었다. 맨 먼저 눈에 들어오는 것은 동상의 기단에 새겨진 '1500'이라는 숫자인데 포르투갈이 브라질을 발견한 해이다. 그렇다면 이 동상의 주인공은 페드루 알바르스 카브랄Pedro Álvares Cabral이 분명하다. 과연 깃발을 든 카브랄과 함께 브라질을 발견했던 세 명의 인물이 둥근 기단 위에서 역동적인 모습으로 서 있었다. 그러고 보니 하투 역에서부터 걸어온 이 거리의 이름도 알바르스 카브랄 도로였다.

페드루 알바르스 카브랄 동상

　원형 로터리를 지나는데 도로 왼쪽으로 판테온처럼 보이는 건물이 있었다. 시인이자 교육자인 주앙 드 데우스João de Deus의 박물관이자 도서관 건물이었다. 그는 어린이를 위한 포르투갈어 학습서인 《모성독본Cartilha Maternal》을 저술한 인물이다. 이 책은 거의 반 세기 동안 포르투갈 학교에서 읽기 교육을 위해 쓰였고 지금도 사용되고 있다. 주위에는 그를 기리는 학교가 건립되어 있는데 전문대학에서부터 중학교, 유치원까지 알바르스 카브랄 도로를 중심으로 모여 있다. 특히 꼬마들이 줄지어 주앙 드 데우스 유치원에 오가는 모습은 이 동네의 가장 흐뭇하고 정겨운 풍경이었다. 이스트렐라 정원 안에는 그를 기념하는 동상이 세워져 있다.

　길을 건너 이스트렐라 정원으로 들어갔다. 이스트렐라 정원은 마리아 2세 때인 1842년에 귀족들의 기부금으로 조성된 영국식 정원이다. 왕실

의 정원 같은 기품이 흘러넘치는 것은 왕실의 숲과 귀족의 정원 등에서
가져와 심은 이국적이고 다채로운 식물들 때문이다. 이 정원의 대표적
인 나무로는 밤나무, 물푸레나무, 삼나무, 플라타너스 등이 있고 수령이
오래된 나무들은 우거져 숲을 이루고 있었다.

　이스트렐라 정원은 5헥타르 가까운 넓은 공원으로 그 가운데에는
1884년에 지어진 녹색 연철로 된 음악당이 있다. 원래는 리베르다드 대
로를 건설하기 전에 조성되었던 공원 파세이우 푸블리쿠^{Passeio Público}에 있
던 것인데, 1936년에 이곳으로 옮겨와 정원에서 많은 연주회를 열었다.
녹색의 스탠드에서 나뉘어진 산책길을 따라 걸었다. 4개의 크고 작은
연못과 오래된 나무들이 어우러진 풍경은 산책의 즐거움을 선사해 주었
다.

안테루 드 켄탈의 동상 ⓒ

이스트렐라 정원의 남쪽을 걷다가 포르투갈의 대문호인 안테루 드 켄탈Antero de Quental의 동상을 만났다. 그는 마치 고대 철학자처럼 옷자락을 감싸고 오른쪽 상체를 드러낸 모습을 하고 있었다. 그의 표정이 마치 시상을 떠올리고 있는 것처럼 보였다. 아니면 그의 덥수룩한 수염과 고뇌에 찬 표정으로 보아 당대의 문제를 고심하고 있는 것인지도 모르겠다.

얼마 전 우리는 프린시프 히알 정원에서 그의 시비를 만났다. 켄탈은 포르투갈 모더니즘 문학에서 중요한 작가이기도 하지만, 한편으로 무정부주의자이자 사회주의 사상가로도 유명하다. 그는 당대 대표적인 문학가인 에사 드 케이로스, 테오필루 브라가와 함께 정치 문학 그룹Cenacle을 창설하여 많은 활동을 했다. 하지만 병약한 몸과 염세적 우울증으로 고생하다가 고향의 한 정원에서 스스로 생을 마감했다. 폰테 델가다에는 '안테루 드 켄탈의 정원Jardim Antero de Quental'이 있어 그를 기리고 있다. 낭만주의에 반기를 들고 문학과 사회 현실을 바꾸기 위해 노력했던 대문호, 안테루 드 켄탈은 포르투갈인들에게 위대한 지성으로 기억되고 있다.

안테루 드 켄탈처럼 삶의 마지막 순간을 정원과 함께 하겠다는 시인이 있다. 이스트렐라 정원의 아름다움에 대한 시를 남긴 안토니우 게데앙 António Gedeão이다. 과학자였던 그는 50세가 되어서야 문학의 길로 들어섰다. 그의 작품 중 <대지의 사우다드Saudades da Terra>는 만일 세상을 떠날 때 삶을 되돌아본다면 무엇이 가장 그리울까를 떠올리며 쓴 시라고 한다. 그는 시를 쓰며 빛을 좋아했고 안개를 좋아했고 파도를 좋아했다는 걸 알게 된다. 그리고 시인은 이스트렐라 정원을 좋아했다고 고백한다.

이스트렐라 정원의 풍경

나는 이스트렐라 정원을 정말 좋아했습니다.
햇살 아래 벤치에 앉아 있는 노인들과
아이를 유모차에 태우고 다니거나 잠을 재우는 어머니
비둘기를 쫓아다니는 소녀들
축구를 하는 소년들
겨울, 해질녘, 정원의 문으로
나무가 낯선 모양을 띠기 시작할 때
나는 그들을 정말 즐겁게 바라보았습니다.

- 안토니우 게데앙, <대지의 사우다드>[55]

55 안토니우 게데앙(António Gedeão), 《Máquina de fogo》, 코임브라 아틀란티다(Coimbra Atlântida), 1961

세상을 떠날 때 '아무'도 그립지 않다면 분명 슬픈 인생일 것이다. 그래서 그리운 사람, 그리운 것을 떠올려 보았을 것이다. 만약 그리움에 젖어 세상을 떠난다면 안토니우 게데앙의 시처럼 "죽은 후에도 그 눈 속에 간직되어 있을"지도 모른다. 그는 정원의 그리움을 간직한 채로 눈을 감았고 '기쁨의 묘지'라는 뜻의 프라제르스 묘지Cemitério dos Prazeres에 묻혔다.

페르난두 페소아는 이스트렐라 정원과 가까운 곳에서 생의 마지막까지 살았다. 지금은 페소아 문학관Casa Fernando Pessoa이 되었다.《불안의 책》에는 정원에서 보낸 고요한 시간에 대한 글이 있다. 정원에 있는 연못의 물소리, 아이들이 뛰노는 소리, 해질녘 공원의 나무 그늘 등이 시인의 감각을 가득 채워 주었다고 고백했다. 그리고 정원에 있는 순간만은 우주를 품은 것과 같다고 했다. 정원을 바라보며 스스로 생을 마감했던 안테루드 켄탈, 삶의 마지막까지 정원을 산책했던 페르난두 페소아, 그리고 세상을 떠날 때 눈에 담고 싶은 아름다운 한 장면으로 이스트렐라 정원을 택했던 안토니우 게데앙. 아름다운 정원과 함께 한 작가들을 떠올리며 그들이 남긴 시와 산문을 조용히 되새겨 보았다.

어느덧 나무와 나무 사이에는 그늘이 사라지고 어둑해지기 시작했다. 정원에는 벤치에 앉아 있는 노인, 유모차를 밀고 가는 어머니들, 비둘기와 놀고 있는 아이들 … 그때 카페에서 연주가 시작되었다. 아름다운 선율이 흘러나와 무성한 나무 사이로, 오가는 사람들 사이로 넘나들었다. 마치 정원의 아름다움에 대해 쓴 시구들이 눈앞에 펼쳐진 듯했다. 자연의 품 속에서 우리도 잠시 조용한 안식을 구해 보았다. 그리고 이스트렐라 정원의 아름다운 풍경을 우리의 눈 속에 담아보았다.

해질녘 공원의 나무 그늘은 검푸르고, 서글픈 연못으로 흐르는 물소리는 가느다랗고 잘 손질된 잔디밭은 녹색이다. 지금 이 순간 너희가 내게는 전 우주다. 너희야말로 내 의식적 감각을 채우는 모든 것이기 때문이다. 거리의 우울함이 공원을 울타리처럼 둘러싸고 위로는 높은 나뭇가지 너머 오래된 하늘에 별이 다시 빛나기 시작한다. 공원에서 뛰노는 낯선 아이들 소리를 들으면서 이 뜻하지 않은 저녁에 빠져들어 정신을 놓은 채로 삶을 느껴볼 뿐, 나는 인생에서 아무것도 원하지 않는다.

- 페르난두 페소아, 《불안의 책》 텍스트 100

이스트렐라 정원의 저녁 풍경

5. 프린시프 히알 정원 - 포르투갈 삼나무에 바친 오마주

프린시프 히알 정원Jardim do Principe Real은 리스본의 하투 지역과 바이후 알투 지역 사이에 있다. 이곳은 리스본 대지진으로 폐허가 된 공간을 재정비하면서 1853년에 정원으로 조성되었다. 오늘날까지 정원은 여러 이름으로 불렸는데, 의외로 그 첫 이름이 프린시프 히알 정원이다. 먼저 '왕세자의 정원'이라는 뜻의 프린시프 히알 정원이 된 것은 여왕 마리아 2세가 첫 아들을 기념하기 위해 칭호를 부여했기 때문이다. 왕세자는 16세에 왕위에 오른 페드루 5세인데 그는 24세의 나이로 일찍 세상을 떠났다. 비록 짧은 재위기간이었지만 그는 포르투갈 국민들로부터 많은 존경을 받았다. 특히 리스본에 콜레라가 창궐했을 때 병원을 세우고 상하수도 시스템을 개선하는 등 전염병을 막기 위해 많은 일을 했다. 그러던 중 왕비가 콜레라에 걸려 일찍 세상을 떠나자 그녀를 기려 어린이 병원도 세웠다. 그러나 페드루 5세도 결국 전염병을 피해갈 수 없었다. 아내가 떠난 지 2년 만인 1861년 세상을 떠났다. 짧은 생애동안 페드루 5세가 베풀었던 선행은 오늘날까지 전해지고 있으며 그는 사랑과 희망의 대명사로 남아있다.

프란사 보르즈스의 조각상

오늘날 정원의 공식적인 이름은 프란사 보르즈스 정원^{Jardim França Borges}이다. 프란사 보르즈스에게 바쳐진 정원은 시대를 뛰어넘어 현대 포르투갈 역사를 되짚어 보게 해 준다. 오랜 왕정이 끝나고 포르투갈 공화정으로 바뀌는 혼란한 시기에 그는 공화당원이자 저널리스트로 활동했다. 1890년에 신문 〈오 문두^{O Mundo}〉를 창간했고 군주제의 탄압을 받아 투옥과 망명 생활로 어려움을 겪었다. 1915년 세상을 떠난 후 그를 기리는 기념물이 조성되었는데 1925년에 프린시프 히알 정원에 흉상이 건립되었다. 기념물을 보면 거칠고 중후한 돌 위에 프란사 보르즈스의 얼굴이 새겨져 있고, 그 옆으로는 한 여성이 바라보고 있다. 그녀는 포르투갈 공화국을 상징한다.

그 사이 프린시프 히알 정원과 광장은 여러 번 이름이 바뀌었다. 그 중에 시간의 틈바구니를 비집고 잠깐 등장하는 이름이 있는데 '히우 드 자네이루 광장Praca do Rio de Janeiro'⁵⁶이다. 주제 사라마구의 장편소설《히카르두 헤이스가 죽은 해》에서 그 사실을 확인할 수 있었다.

> 히카르두 헤이스는 리우 데 자네이루 광장에 도착했을 때 스스로
> 제기한 의문에도 푹 빠져 있었다. 한때 프린시프 히알 광장이라고
> 불리던 이곳이 언젠가 과거의 그 이름으로 다시 돌아갈 수도 있을
> 것이다. 누가 그때까지 살아서 목격할 수 있다면 말이지만.
> – 주제 사라마구,《히카르두 헤이스가 죽은 해》

소설 속 히카르두 헤이스는 포르투갈 공화국이 들어서자 왕정복고를 주장하다가 실패하는 바람에 브라질로 망명했다. 이후 페소아의 사망 소식을 듣고 브라질에서 리스본으로 돌아왔다. 그는 알칸타라 수녀원에서 길을 따라 올라오다가 정원에 이르러 '히우 드 자네이루'로 불린다는 걸 알고 다시 왕세자의 이름으로 불리기를 바란다고 독백한다. 히카르두 헤이스의 바람 때문일까. 오늘날에도 여전히 많은 시민들은 정식 이름보다 프린시프 히알 정원으로 부르고 있다.

---

56 광장과 거리 이름은 포르투갈어로 '히우 드 자네이루'이고 브라질의 도시 '리우 데 자네이루'와 같은 표기이다.

프린시프 히알 정원에 있는 포르투갈 삼나무

프린시프 히알 정원의 보석은 단연 포르투갈 삼나무이다. 이 나무는 자유롭게 나뭇가지를 펼치며 한 세기를 훌쩍 넘는 시간을 살았다. 거대한 삼나무는 하늘을 향해 수직으로 올라가기보다 수평으로 뻗어나가 우산처럼 드리우고 있다. 나무의 수관Crown은 세상에서 가장 긴 날개를 자랑한다. 그래서 마치 새의 날개에 폭 싸인 듯, 마치 우산 속에서 비를 피해가는 듯, 나무 아래에 놓인 벤치에 앉아 쉬어가는 이들을 볼 수 있다. 리스본의 언덕을 오르내리며 만난 프린시프 히알 정원의 삼나무는 여행자인 우리에게도 편안한 쉼터가 되어 주었다.

포르투갈 삼나무를 그리는 화가

영화 〈오고 가고〉의 한 장면

그래서일까. 프린시프 히알 정원과 포르투갈 삼나무에 바치는 오마주 hommage를 많이 찾아볼 수 있다. 존 버거의 《여기, 우리가 만나는 곳》에는 세상을 떠난 어머니를 프린시프 히알 정원의 삼나무 아래에서 만나는 장면이 있다. 나무와 하나의 풍경이 되어 앉아있던 어머니를 알아보는 순간, 그녀는 삼나무 아래에서 일어나 아들에게로 뚜벅뚜벅 걸어온다. 사람들은 세상을 떠나면 자신이 원하는 곳에 머물 수 있는데, 어머니는 아직도 트램이 다닌다는 이유로 리스본에 와 있었다고 말한다. 그리고 그녀는 프린시프 히알 정원의 삼나무 아래에서 시간을 보내고 있다.

포르투갈 감독 주앙 세자르 몬테이루João César Monteiro의 영화에서도 포르투갈 삼나무를 만날 수 있다. 영화 〈오고 가고Vai e Vem〉는 죽음을 앞두고 있는 한 노인의 이야기이다. 그는 '꽃들의 광장Praça das Flores'에서 프린시프 히알 정원까지 100번 버스를 타고 오고 간다. 매일 정원으로의 여행을 반복하면서 그는 포르투갈 삼나무 아래에 앉아 담배를 피우고 사람들을 구경하며 지낸다.

영화 <오고 가고>는 모두 일곱 차례에 걸쳐 포르투갈 삼나무를 찾아가 안식을 취하는 노인의 모습을 보여 준다. 화면에는 오랜 시간을 견뎌 온 나뭇가지들 사이로 빛과 그림자가 노니는 모습도 보이고, 바람이 지나가며 잎사귀들과 부딪히는 소리도 들린다. 마치 마지막 작별 인사와도 같은 이 영화는 삶과 죽음 사이, 현실과 환상 사이, 인간과 나무 사이의 경계를 넘나든다.

영화의 마지막 장면에는 고요와 평화 속에서 세상과 이별하는 모습이 나무와 오버랩된다. 오랫동안 화면에 비춰지는 정원의 삼나무와 노인의 눈동자가 관객에게 긴 여운을 남긴다. 실제로 이 영화는 감독인 주앙 세자르 몬테이루에게도 마지막 작품이었다. 아마 그도 영화를 찍는 동안 프린시프 히알 정원에서 평온함을 누리며 위안받지 않았을까. 이렇게 영화 속 포르투갈 삼나무에게 보내는 찬사는 결국 자신이 살아온 인생에 바치는 경이로움이자 세상에 바치는 예찬이었다.

정원을 둘러싼 수많은 이름과 이야기 속에서 포르투갈 삼나무는 변함없이 그 자리를 지키고 있다. 언제나 그렇듯 햇살과 비와 바람의 시간을 고스란히 간직하고서 말이다. 누구나 삶의 무게를 모두 내려놓고 편히 쉬어가라고 손짓하는 듯, 나무는 언제나 그 자리에서 가지를 활짝 펼치고 있다.

프란사 보르즈스 정원의 오래된 나무들

6. 히베이라 시장 - 옛 시장과 타임아웃 마켓

9월이 되면 리스본에는 뜨거운 여름 내내 멈추었던 바람이 다시 대서양으로부터 불어오기 시작한다. 바람은 가을이 시작됨을 알리는 것이다. 테주 강으로부터 불어오는 시원한 바람을 맞으며 우리는 히베이라 다스 나우스 길^{Av. Ribeira das Naus}을 걸었다. '배들의 강변'이라는 뜻을 가진 이 길은 코메르시우 광장에서 시작해 카이스 두 소드레 역까지 이어져 있다. 긴 산책길이 끝나고 강변에서 조금 벗어날 무렵 카이스 두 소드레 기차역^{Estação Ferroviária do Cais do Sodré}에 도착했다. 아르데코 양식의 건물이 우아함을 풍기며 우리를 맞아주었다. 이 역사적인 건물은 1895년 완공되어 포르투갈 공공기념물로 지정되었다.

《불안의 책》에는 카이스 두 소드레 역에서 기차를 타고 한 시간 남짓 여행하는 페소아의 글이 있다. 그는 카스카이스로 떠나는 길에 테주 강과 대서양이 만나는 풍경을 볼 수 있을거라 잔뜩 기대했지만 정작 사색에 빠져버리는 바람에 풍경을 제대로 감상하지 못한다.

테주 강변의 히베이라 다스 나우스 길

카스카이스와 리스본 사이에서 백일몽을 꾼다. 바스케스 사장이 에스토릴 해변에 소유한 집의 재산세를 내기 위해 카스카이스로 떠난 길이었다. 오고 가는 데 한 시간씩 걸리는 길을 나서기 전부터 큰 강과 대서양이 만나는 다양한 풍경을 즐거이 감상할 수 있으리라는 기대에 들떴다. 그런데 정작 가는 길에는 추상적인 사색에 빠져 그토록 보기를 고대했던 물가 풍경을 보는 둥 마는 둥 했고, 오는 길에는 그 감각들을 마음속에 새기느라 또 정신이 없었다. 여행의 세부 하나도, 풍경의 작은 일부도 제대로 묘사할 수 없으리라. … 기차는 점차 속력을 늦추고 카이스 두 소드레 역에 진입한다. 리스본에 도착했지만 결론은 얻지 못했다.

- 페르난두 페소아, 《불안의 책》텍스트 16

우리는 기차역 안으로 들어가 보았다. 먼 곳으로 향하는 철로가 한줄기 빛 가운데로 이어지고 있는 걸 보니 지금 여행중인데도 어디론가 다시 떠나고 싶은 마음이 솟아올랐다. 다른 철로에 기차 한 대가 들어와 정차하자 문이 열리고 한 무리의 사람들이 내렸다. 그 바람에 인파에 휩쓸려 덩달아 바깥으로 나와 버리고 말았다. 그렇지 않았다면 우리도 페소아처럼 카스카이스로 가는 기차를 탔을지도 모른다. 거리로 나오자 눈앞에는 오늘의 목적지인 히베이라 시장이 보였다.

돔을 중심으로 왼쪽의 타임아웃 마켓, 오른쪽의 히베이라 시장

'강변 시장'이라는 뜻의 히베이라 시장^{Mercado da Ribeira}은 하얀 돔을 중심으로 양 옆으로 건물이 펼쳐져 있었다. 우아한 곡선미가 살아있고 고풍스러운 건물이었다. 가운데 돔을 중심으로 오른쪽(동쪽)은 옛 어시장이었던 히베이라 시장이고, 왼쪽(서쪽)은 리스본의 핫 플레이스로 떠오른

타임아웃 마켓이 자리하고 있다. 옛 시장과 현대 시장이 돔을 중심으로 양쪽 날개에 배치되어 있는 셈이다. 오늘날 변화의 바람은 전통마저도 삼켜버리기 마련이지만 옛 방식을 유지하면서 새로운 물결에도 유연함을 보이는 히베이라 시장은 리스본에서 특별한 의미가 있는 장소가 되었다.

초기 히베이라 시장은 오늘날과 구분하여 히베이라 옛 시장^{Mercado da Ribeira Velha}이라고 불렀는데 지금의 위치와 달리 테헤이루 두 파수의 동쪽^{Campo das Cebolas}에 있었다. 오늘날 주제 사라마구의 재단이 있는 카자 두스 비쿠스 앞이다. 18세기를 배경으로 한 주제 사라마구의 소설 《수도원의 비망록》에는 주인공 발타자르가 전쟁에서 왼팔을 잃고 마프라로 돌아가던 중 테주 강을 건너 리스본에 도착하는 장면이 있다. 그는 히베이라 시장에 멈춰 서서 활기찬 시장의 모습과 비릿한 바다 내음을 풍기며 분주히 오가던 인부들의 모습을 바라본다.

> 얼마 후에 히베이라에 상륙했다. … 부두는 온통 난장판으로 변했다. … 인부들은 짝을 지어서 일을 했는데, 물고기를 담은 바구니에서 흘러내리는 바닷물에 흠뻑 젖어 있었으며 얼굴과 팔은 물고기 비늘로 인해 더럽혀져 있었다. 마치 리스본에서 살고 있는 모든 사람들이 어시장에 모여 있는 것처럼 보였다. … 보석상의 가게⁵⁷ 옆에 있는 한 술집 문 앞에서, 발타자르는 세 마리의 구운 정어리를 올려놓은 빵 한 조각을 샀다.
> - 주제 사라마구, 《수도원 비망록》

---

57 '보석상의 가게'로 번역된 곳은 '카자 두스 디아만트스(Casa dos Diamantes)'로 불렸던 건물로, 독특한 외관을 다이아몬드에 비유한 것이다. 오늘날에는 '뾰족코의 집'이란 뜻의 카자 두스 비쿠스(Casa dos Bicos)로 부르고 있다. 안타깝게도 '보석상의 가게'로 번역되어 역사적인 건물과의 관련성이 없어져 버렸다.

그러나 히베이라 어시장이 열렸던 광장은 리스본 대지진 이후 도시를
재건하는 과정에서 자리를 옮길 수밖에 없었다. 그후에는 옛 시장과 구
분하기 위해 '히베이라 새 시장Mercado da Ribeira Nova'이라고 불렀다. 현재의
건물로 옮겨와 재개장한 것은 1882년이었다. 시장은 철제 구조물을 올
리고 위생시설도 갖추는 등 당시로서는 유럽에서도 보기 드문 혁신적인
시장이었다. 하지만 다시 화재가 일어나는 바람에 재건될 때까지는 오
랜 시간이 걸렸다. 오늘날 이 건물의 특징인 돔 양식과 중앙에 걸린 시계
는 재건축이 진행될 때 장식적 요소가 더해진 것이다. 당시 리스본 시민
들의 관심을 한 몸에 받았던 하얀 돔은 '순무 모스크Mesquita do nabo'라는 별
명을 얻기도 했다. 2001년 이후 히베이라 시장은 건물 동쪽에 자리를 잡
아 활기를 되찾았다.

히베이라 옛 시장의 모습 ⓒ

이제 금방 내릴 거야, 어머니가 말했다. 여기서 리베이라 시장까지
는 쭉 내리막이야. 안에서 보면 리베이라 시장은 돌과 쇠와 유리로
세워 올린 탑 모양을 하고 있었다. …

어머니는 우산이 거의 바닥에 닿지 않을 만큼 가벼운 발걸음으로
채소와 과일을 파는 곳을 지나 생선 가게들이 늘어선 곳으로 나를
데려간다. 문득 어머니가 리스본에 오기로 한 건 리베이라 시장 때
문이라는 생각이 든다. 대형 수산시장은 희한한 곳이다. 일단 들어
서면 전혀 다른 세계가 펼쳐진다.

-존 버거, 《여기, 우리가 만나는 곳》

정문으로 들어가니 오른쪽으로 전통 히베이라 시장이 펼쳐져 있었다.
예전에는 지붕이 없이 열려 있었다고 하는데 지금은 유리창으로 덮여
있었다. 빛이 가득 쏟아져 들어와 채광이 더해지자 시장이 활기차 보였
고 채소와 과일 등도 신선하고 건강해 보였다. 장미가 가득 진열된 꽃 가
게를 시작으로 빵 가게, 과일 가게, 식품 가게들이 주인들의 웃음과 함께
어우러져 있었다. 이렇게 옛 시장이 활발히 운영되고 있는 것은 히베이
라 시장을 찾아오는 리스본 사람들이 있기 때문일 것이다.

히베이라 전통시장을 돌아보고 나서 맞은편으로 건너갔다. 바로 푸드
공간으로 변신한 타임아웃 마켓이다. 이곳에는 레스토랑과 키오스크가
입점해 다양한 요리를 선보이고 있었다. 손님들은 음식을 주문한 뒤 비
어있는 자리에 가서 식사할 수 있다. 마치 독일의 맥주 축제처럼 대형 홀
의 식탁에는 저마다 고른 음식을 놓고 많은 사람들이 자유롭게 식사를
즐기고 있었다.

타임아웃 마켓의 모습

    푸드코트처럼 된 구조이지만 저렴한 음식이나 패스트푸드 요리를 선보이는 곳은 아니다. 여기에 입점한 가게에는 미슐랭 스타를 받은 셰프나 유명 레스토랑을 운영하는 사람들도 있어 특별한 레시피를 자랑한다. 하지만 레스토랑보다 저렴하고 캐주얼하게 음식을 즐기자는 것이 푸드마켓의 기획 의도이다. 2014년 개장했고 정식 이름은 히베이라의 타임아웃 마켓Time Out Mercado da Ribeira이다. 영국의 타임아웃 그룹에서 만든 푸드코트로 지금은 전 세계적으로 확산되어 유명세를 타고 있지만, 그 출발점이자 1호점은 리스본 타임아웃 마켓이다. 리스본에서의 성공으로 전 세계의 많은 도시로 확산되었다.

    우리는 건물을 나와 돔 앞에 섰다. 히베이라 시장은 이름이 하나 더 있는데 '7월 24일의 시장Mercado 24 de Julho'이다. 그건 히베이라 시장 앞의 거리 이름 때문이다. 1883년 7월 24일은 쿠데타를 일으킨 미겔 왕자에 맞선 자유주의자들이 테주 강을 건너 리스본에 입성하여 승리를 거둔 날이다. 결국 쿠데타를 일으킨 동생 미겔 왕자를 몰아내고 형인 페드루 4세가 왕권을 이어가는데, 그는 호시우 광장에서 만났던 동상의 주인공이다. 이를 기념하기 위해 '7월 24일의 거리^Avenida 24 de Julho'가 조성되었다. 오늘 아침 '히베이라 다스 나우스'에서부터 걷기 시작했는데 그 길이 끝나면 '7월 24일의 거리'가 시작되는 것이다. 거리는 이렇게 이름이 바꾸어 모두 테주 강을 끼고 대서양으로 이어진다. 오늘은 히베이라 시장 덕분에 리스본의 기념비적인 두 거리를 걸어 보게 되었다.

　히베이라 시장과 타임아웃 마켓처럼 과거에만 머물러 있지 않고 현대의 물결에도 유연한 태도를 가진다면 분명 다양한 문화가 공존하는 사회가 될 수 있을 것이다. 몇 백년의 시간 속에서 전통과 현대를 조화롭게 이어나가는 방식을 오늘 배우고 간다.

7. 파두와 칸트 알렌테자누 - 바다의 노래 대지의 노래

    알파마 지역의 리스본 대성당 앞에는 늘 많은 관광객들이 몰려 있었다. 붐비는 거리를 뒤로 하고 우리는 대성당의 남쪽으로 난 골목으로 발길을 돌렸다. 대성당 뒤쪽은 공사 중이었지만 인파도 피할 수 있고 예스러운 리스본의 도시 풍경을 볼 수 있어 탁월한 선택이었다. 알파마 지역은 리스본 대지진 당시 비교적 피해가 덜 한 곳이어서 리스본의 옛 모습을 고스란히 간직하고 있었다. 좁은 계단을 오르내리며 양쪽에 들어서 있는 바, 카페, 레스토랑 등 작은 가게들을 구경하다보니 어느새 미로같은 골목이 끝나고 시야가 확 트이면서 정면에 파두 박물관^{Museu do Fado}이 우뚝 서 있었다. 파두의 정서인 사우다드와는 달리 화사한 연분홍색 건물이었다.

    1998년에 문을 연 파두 박물관은 포르투갈의 대표적인 전통음악인 파두의 200년 역사를 모두 살펴볼 수 있는 곳이다. 파두 가수와 연주자, 앨범과 악기 등 파두의 모든 것에 대해 알 수 있다. 그래서 파두 박물관은 파두를 마음껏 듣고 싶을 때 찾아가면 좋은 곳이다. 물론 방금 지나쳐온 알파마 골목에는 매일 저녁 파두 공연이 열리고 있지만 말이다.

파두 박물관으로 들어가 처음으로 만난 공간은 벽면 가득 파두 가수들의 사진이 전시되어 있는 곳이었다. 파두 가수의 사진에는 각각 번호가 붙어 있었는데 오디오 가이드에 그 번호를 누르면 음악이 흘러나온다는 것을 알게 되었다. 먼저 널리 알려져 있는 파두 가수 아말리아 호드리게스의 사진을 찾아 그녀의 음악을 들어보았다. 익숙한 목소리이지만 처음 듣는 곡이었다. 이번에는 낯선 가수들의 번호를 눌러서 색다른 파두를 감상해 보았다. 저음의 묵직한 목소리, 클래식한 분위기, 경쾌한 분위기 등 다양한 음악이 흘러나왔다. 파두라고 해서 슬프고 애달픈 음악만 있는 것은 아니었다.

알파마에 있는 파두 박물관

파두 박물관에서 다큐멘터리 관람과 음반 감상까지 마치고 나니 최초의 파두 가수로 알려진 마리아 세베라^{Maria Severa}에서부터 아말리아 호드리게스^{Amália Rodrigues}, 그리고 마리자^{Mariza}까지 포르투갈 파디스타의 흐름을 어렴풋이 알 수 있었다. 또 포르투갈 최고의 기타 연주자 중 한 명인 페드루 조이아^{Pedro Jóia}, 국제적으로 널리 알려진 카를루스 파레드스^{Carlos Paredes}까지 거장 기타 연주자들도 알게 되었다. 노래와 연주, 남성 가수와 여성 가수, 전통 창법에서 새로운 현대 스타일의 음악까지, 마치 파두의 바다를 헤엄친 기분이었다.

파두 가수들의 노래를 들을 수 있는 코너

주제 말료아José Malhoa의 그림 〈파두〉

> 어느 날 파두가 태어났습니다. 바람이 심하게 부는 날, 돛단배가 길
> 게 늘어선 바다에 슬퍼서 노래하는 선원의 가슴에, 슬퍼서 그가 불
> 렀던, 슬퍼서 그가 불렀던 …
>
> – 아말리아 호드리게스, <포르투갈 파두>

아말리아 호드리게스가 1965년에 녹음한 앨범이자 타이틀곡인 <포르
투갈 파두Fado Português>이다. 이것이 바로 파두이고 사우다드라고 말해주
는 듯하다. 아말리아의 노래처럼 파두는 마치 전설처럼 탄생하였다. 파
두의 기원은 정확하게 알 수 없지만 19세기 무렵 리스본에서 불리기 시
작했다고 전해진다. 어원은 '운명'을 뜻하는 파툼fatum에서 비롯되었는데
사우다드의 정감을 고려하여 '슬픈 운명'이라고 해석하고 있다. 거친 바
다와 돛단배, 그리고 이별과 죽음을 노래하는 파두는 사우다드Saudade가

지닌 상실감, 그리움, 우울, 갈망, 향수 등 복잡한 감정을 전해준다.

파두는 클래식 기타와 포르투갈 기타로 연주하기도 하고 검은 옷을 입은 파두 가수가 부르기도 한다. 사우다드는 기타의 선율과 고유의 멜로디가 흐르는 가운데 파두 가수의 독특한 음색과 창법으로 전달된다. 여기에 시와 같은 가사도 함께 한다면 사우다드의 정서를 좀 더 느낄 수 있다. 파두 가수를 '파디스타fadista'라고 부르는 것은 프랑스어로 '시인fatiste'을 뜻하는 단어에서 유래하였다. 이후 파두는 좀더 문학적인 예술로 발전하였는데, 포르투갈 문학가들의 시를 음악의 선율에 담기도 하였다.

> 옛날 노래 아무거나 압니까? 리스보아 안티가Lisboa Antiga를 알지요, 아코디언 연주자가 반색하며 말했다. 파두는 다 알지요. 좀 더 오래된 거는 어때요, '나의 손님'이 말했다. 삼십 년대 노래 말입니다, 그렇게 젊지 않으시니 기억하실 겁니다. 그럼요, 아코디언 연주자가 말했다. 듣고 싶은 걸 말씀해 보세요. 예를 들어 "상 탕 린두스 우스 테우스 올류스"는 어때요, '나의 손님'이 말했다. 당연히 알지요, 아코디언 연주자가 환하게 웃으며 말했다.
>
> - 안토니오 타부키, 《레퀴엠》

안토니오 타부키의 소설 《레퀴엠》의 한 대목이다. 주인공은 리스본 항구에서 '나의 손님'을 하루종일 기다리다가 드디어 늦은 밤 그를 만나게 된다. '나의 손님'은 바로 시인 페르난두 페소아이다. 그들은 헤어질 때 알칸타라 항구 근처에서 아코디언 연주자를 만나 파두를 한 곡 들려달라고 부탁한다. 연주자는 <리스보아 안티가Lisboa Antiga>를 안다고 했지만,

페소아가 신청한 곡은 <상 탕 린두스 우스 테우스 올류스São tão lindos os teus olhos>였다. '당신의 눈은 매우 아름다워요.'라는 뜻이다. 노래를 다 들은 후에 주인공이 페소아에게 왜 이 노래를 신청했는지 묻자 "한때 애인과 이 곡에 맞춰 춤을" 추었다고 비밀을 털어놓는다. 그녀를 사랑했느냐고 묻자 페소아가 대답했다. "내 마음의 보석 상자였어요."

소설《레퀴엠》에서 세상을 떠난 페소아는 유령으로 나타나 생전에 연인과의 사랑을 회상하며 가장 빛나던 순간의 파두를 듣고 싶어한다. 꽃 같은 연인도, 자신의 청춘도 다시 돌아오지 않는다는 것을 알기에, 그렇게 망자가 듣는 노래는 가늠할 수 없는 슬픔을 안고 있다. 다시 돌아올 수 없는 그 시절에 대한 그리움과 애잔함, 그것이 사우다드가 아닐까.

포르투갈 전통음악이라면 칸트 알렌테자누도 있다. 알렌테주Alentejo는 '리스본 테주 강 너머além do tejo'라는 말에서 유래되었는데 포르투갈 중남부 지방을 이른다. 알렌테주는 예부터 포르투갈의 곡창지대로 밀을 생산했고 비옥한 땅에는 포도와 올리브를 재배했다.

칸트 알란테자누Cante Alentejano는 지역에서 부르던 전통음악으로, 주로 농촌의 가난하고 어려운 현실을 노래했다. 삶의 고단함이나 애환을 노래하기도 하지만 한편으로는 공동체의 결속과 연대, 농민들의 정체성을 드러내는 역할도 해 왔다. 구비전승되어 온 칸트 알란테자누는 오늘날 전승 보유자를 중심으로 합창단이 결성되어 공연을 이어나가고 있다.[58]

---

58 칸트 알렌테자누 박물관(Museu do Cante Alentejano)은 세르파(Serpa) 지역에 있다.

칸트 알렌테자누 전통음악단의 공연 ⓒ

알렌테주 알렌테주, 신성한 빵의 땅
여름이라도 알렌테주에 갈꺼야
지독한 고독 속에서
황금빛 밀밭을 보기 위해
알렌테주 알렌테주, 신성한 빵의 땅

- 칸트 알렌테자누 중에서

칸트 알렌테자누는 악기 없이 보컬로만 이루어지는 노래이다. 오랫동안 생활 속에서 농민들이 불렀던 노래이기 때문에 특정한 가수가 따로 있지 않다. 남성 합창단도 있지만 농촌 공동체의 특성상 여성과 아이들이 함께 부르기도 한다. 한 명이 먼저 선창을 하면 단원이 이어받아 합창을 하는 식으로 반복되는 돌림노래의 형태이다. 창법은 파두와 비슷하며 느리게 읊조리며 부른다. 칸트 알렌테자누는 지역적이고 특정 계층만이 향유하는 노래 같지만 서로 동질감을 느끼고 사회적 연대감을 가질 수 있도록 불렀던 노래이다. 모두가 함께, 모두가 하나라는 의미를 담고 있는 칸트 알렌테자누는 포르투갈의 국민 음악이라고 할 수 있다.

그란돌라 빌라 모레나 기념물 ⓒ

주제 아폰수José Afonso가 불러 널리 알려진 〈그란돌라 빌라 모레나Grândola vila morena〉는 1974년 4.25 혁명 때 중요한 신호탄이 되었던 노래로 유명하다. 여기서 그란돌라는 알렌테주 지역에 있는 마을로, 주제 아폰수는 이노래를 칸트 알렌테자누 스타일로 작곡했다. 반주없이 솔로가 선창을 하면 모두가 친구이자 형제애로 가득하다는 내용을 다같이 합창한다. 〈그란돌라 빌라 모레나〉는 혁명가로 대중들에게 널리 알려졌지만, 칸트 알렌테자누의 형식으로 작곡되어 전통적인 정서를 품고 있었다.

포르투갈의 전통음악인 파두와 칸트 알렌테자누는 각각 바다의 노래, 대지의 노래라고 할 수 있을 것이다. 선원들이 들려주는 바다의 노래, 농부들이 들려주는 대지의 노래는 민족 고유의 정서를 담고 있다. 변방에서 살아가기 위해 거친 대서양을 향해 노를 저어나간 이들, 그리고 척박한 땅을 일구었던 농부들의 애환이 모두 포르투갈의 사우다드^{Saudade}에 스며 있었다. 파두는 2011년에, 그리고 칸트 알렌테자누는 2014년에 세계 무형 문화유산에 등재되었다.

페소아는 시에서 '사우다드는 포르투갈인만이 느낄 수' 있는 정서라고 말했다.[59] 그의 시처럼 민족 고유의 정서를 우리가 온전히 느낄 수는 없을 것이다. 하지만 리스본에서 가을을 보내는 동안 우리는 사우다드의 정서에 한발짝 더 다가간 느낌이 들었다. 그것은 사우다드의 향기가 가득한 리스본의 문화를 만났기 때문이다.

59　페소아 아카이브 http://arquivopessoa.net/textos/4384

호시우 역 앞의 파두 조각상

리스본 도심 지도

PART 3 리스본에서 만난 문학과 예술

EPILOGUE

도시와 친해지기 위해서는 거리의 역사를 아는 것이 중요하다. 리스본에서 보낸 9월, 도시에 남아있는 옛 리스본과 오늘의 리스본을 만나기 위해 거리와 광장을 걷고 또 걸었다. 리스본은 도시 자체가 열린 박물관이었다. 리스본 대지진의 흔적이 여전히 남아 있었고 가장 오래된 대성당에는 800년의 시간을 무색케 하는 유적이 발굴되고 있었다. 옛 성벽이 있던 자리에는 두 성당이 몇 백년의 시간을 들려주었고 최초의 기독교 성당에는 리스본 탈환의 역사를 담고 있었다. 오랜 왕정의 끝과 포르투갈 공화국의 시작, 긴 독재정치의 시기와 자유를 되찾은 카네이션 혁명의 현장도 도시 곳곳에서 찾아볼 수 있었다.

이렇게 오랜 시간을 품은 도시 풍경은 많은 이야기를 들려 주었다. 여행은 그 이야기에 귀기울여 보는 시간이었다. 포르투갈 대항해의 시대는 찬란한 영광과 식민지의 그늘을 모두 안고 있었다. 종교가 낳은 어두운 역사는 자비와 관용의 길을 찾아 나섰다. 오늘날 불안한 출판시장은 세상에서 가장 오래된 서점과 독립 서점에 희망을 걸었다.

어느새 뜨거웠던 태양이 자주 구름에 가려지고 아줄레주빛 하늘도 회색빛으로 기울었다. 끝없이 파란 하늘 아래 테주 강에서 시원한 바람이 불어오던 리스본의 9월이 지나가고 있었다. 그렇게 우리의 여행도 끝나가고 있었다. 옛 리스본과 오늘의 리스본 사이를 오가는 동안 리스본이 간직하고 있는 시간의 흔적들을 만났다. 지나온 시간들은 켜켜이 쌓여 역사와 종교, 문학과 예술로 남아 있었다. 그것이 옛 도시의 기억이 모두 남아있는 '리스본 풍경'을 사랑한 이유였다.

도시가 전해 준 문화의 향기를 고이 간직하며 우리는 리스본의 거리에 아쉬운 작별을 고했다. 이국적이고 낯설게만 느껴졌던 리스본의 문화는 그만큼 우리에게 더 가까이 다가와 있었다. 리스본 풍경을 다시 만날 수 있기를.

오브리가두, 리스보아! Obrigado, Lisboa!

다시 만나요.
내 어린 시절의 도시는 사라졌습니다.
슬프지만 행복한 도시,
여기서 다시 꿈을 꾸어요. …

다시 여기로 돌아왔나요?
우리 모두 여기에 있었나요?

다시 만나요.
리스본과 테주 강, 그리고 모두.

- 페르난두 페소아, <리스본 재방문Lisbon Revisited>, 1926[60]

부록

리스본 인명 사전

게오르크 데히오 Georg Dehio

(1850–1932) 게오르크 데히오는 독일의 미술사학자로, 예술에 대한 인식과 기념물 보존의 개념에 큰 영향을 준 인물이다. 역사적인 문화재를 복원하는 것이 건물을 파괴하는 것이라는 관점은 현대 문화재 보존사업에 중요한 기준이 되고 있다. 이에 대해 그는 1900년에 독일 예술 기념물 핸드북을 발간하였다. 문화상, 도서상, 예술가 조합상 등 게오르크 데히오를 기념하는 많은 수상식이 있다.

게하 중케이루 Guerra Junqueiro

(1850–1923) 브라간사에서 태어난 게하 중케이루는 정치가, 언론인, 작가이다. 그는 포르투갈의 인기 있는 시인이자 전통적인 교수법에 반대하는 '신학파'의 대표자였다. 공화국의 설립 이후 국기를 구상했고 스위스 주재 포르투갈 대사를 역임하기도 했다. 그는 리스본에서 사망 후 국립 판테온에 묻혔다.

누누 알바르스 페레이라 Nuno Álvares Pereira

(1360–1431) 누누 알바르스 페레이라는 포르투갈에 쳐들어 온 카스티야 군대를 물리치고 큰 승리를 거둔 알주바호타 전투(1385)에서 큰 공을 세웠다. 그가 지휘하는 포르투갈 군대는 적은 수에도 불구하고 모든 전투에서 승리했다. 말년에 그는 모든 걸 버리고 카르멜 수도회의 수도자가 되었고 카르무 수도원을 지었다. 2009년 교황 베네딕토 16세에 의해 상 누누 드 산타 마리아 São Nuno de Santa Maria로 시성되었다.

라고아 엔히크스 António Augusto Lagoa Henriques

(1923–2009) 리스본에서 태어난 엔히크스는 이탈리아 밀라노에서 수학한 후 코임브라와 리스본에서 학생들을 가르쳤다. 1982년부터 포르투갈의 문화유산 및 역사적 기념물 위원회에서 일하면서 역사적 인물을 조각하기 시작했다. 게하 중케이루, 페르난두 페소아, 동 세바스티앙 등의 조각상을 제작했다.

랭커스터의 필리파Filipa de Lencastre

(1360-1415) 필리파는 영국의 왕실가문인 랭커스터 공작의 첫째 딸로 태어났다. 1387년 영국과 포르투갈의 왕실동맹으로 주앙 1세와 결혼해 포르투갈의 왕비가 되었다. 아프리카 세우타 정복을 지지하며 대항해 시대의 발판을 지원했다. 그래서 벨렝 기념탑에 새겨진 유일한 여성이 되었다. 해양왕 엔히크 왕자가 바로 그녀의 아들이다.

레오노르 왕비Dona Leonor de Avis

(1458-1525) 레오노르 왕비는 주앙 2세의 미망인이다. 후에 왕위에 오른 그녀의 동생이 마누엘 1세이다. 당대는 해외 무역으로 가장 부유할 때로 그녀는 미망인이 된 후 종교사업을 후원하고 가난한 사람들을 도왔다. 지금도 리스본에 있는 산타 카자 다 미제리코르디아와 콘세이상 벨랴 성모 성당에는 레오노르 왕비의 정신이 이어져 내려오고 있다.

마이클 비버슈타인Michael Biberstein

(1948-2013) 스위스와 미국 국적을 가졌으나 포르투갈 예술가 그룹과 함께 활동을 하면서 포르투갈에서 30여년을 살았다. 그는 주로 하늘에 대한 그림을 많이 그렸는데 산타 이자벨 성당의 천장화가 대표작이다. 자신의 재능을 기부할 정도로 성당의 천장화에 애착을 가졌던 마이클은 작업을 진행하는 도중 뇌졸중으로 세상을 떠났다. 이후 후원과 캠페인으로 결국 천장화는 완성되었다.

마테우스 비센트 드 올리베이라Mateus Vicente de Oliveira

(1706-1785) 마테우스는 18세기 포르투갈에 기념비적인 건축물을 많이 세웠다. 그는 마프라 궁전을 설계한 주앙 프레데리쿠 루도비스João Frederico Ludovice에게 수학하였고 후에 케루스Queluz 왕궁도 건축하였다. 리스본 대지진 이후 산투 안토니우 성당을 복원했으며 건축가 보로미니의 영향을 많이 받았다.

바스쿠 다 가마Vasco da Gama

(1469-1524) 포르투갈 탐험가로 리스본을 떠나 향신료와 직물의 생산국인 인도로 향하는 새로운 해상 항로를 개척했다. 1487년 바스쿠 다 가마는 대탐험대의 사령관으로 4척의 카라벨라로 대원정을 시작했다. 이듬해 5월에 마침내 희망봉을 돌아 인도에 도달하여 새로운 이정표를 세웠다. 바스쿠 다 가마는 이후 세 번째 인도 항해 후 인도 총독으로 부임했고, 1524년 인도 코친에서 사망했다. 바스쿠 다 가마의 항해는 루이스 드 카몽이스의 대서사시 《우스 루지아다스》에 담겨 있다.

빅토르 바스투스Victor Bastos

(1830-1894) 리스본에서 태어난 바스투스는 코임브라에서 회화를 시작해 아카데미 부교수로 임명되었다. 바스투스는 낭만주의 경향의 역사화와 초상화를 주로 그렸고 조각상

에도 주력하였다. 1867년 카몽이스의 기념비를 조각하여 주목을 받았고, 1873년 아우구스타 아치의 인물 조각상을 담당하였다.

산투 안토니우 Santo António de Lisboa

(1195-1231) 산투 안토니우는 리스본에서 태어났다. 그가 태어난 자리에는 산투 안토니우 성당이 세워져 있다. 그는 빵을 나누고 가난한 이들을 도왔으며 신학에 대한 지식이 뛰어나 신학 석사가 되었다. 또한 뛰어난 설교자로 널리 알려졌으며 이탈리아 파도바에서 선종했다. 그래서 리스본의 수호성인이자 파도바의 수호성인이다. 리스본에서는 6월 13일 대축제의 날에 성인을 기념하고 있다.

산 프란시스코 하비에르 San Francisco Javier

(1506-1552) 나바라 왕국에서 태어난 그는 예수회 공동 설립자이다. 특히 포르투갈령 인도 고아에서 동아시아의 일본까지 선교활동을 하여 '동방의 사도'라는 별명을 얻었다. 성인의 영묘는 인도 고아의 봄 제수스 드 고아 성당에 있으며 리스본의 벨렝 기념탑에도 그의 조각상이 있다.

세바스티앙 주제 드 카르발류 이 멜루 Sebastião José de Carvalho e Melo

(1699-1782) 포르투갈의 정치가이자 외교관이며 계몽주의의 영향을 받은 자유주의 개혁가이다. 그는 영국과 오스트리아 궁정의 포르투갈 대사를 거쳐 주제 1세 때 포르투갈 왕실의 외무 장관으로 임명되었다. 일반적으로 폼발 공작으로 더 많이 불린다. 1755년 리스본 대지진 때 사태를 수습하기 위해 권한을 부여받았으며, 도시재건을 성공적으로 이끌었다.

소피아 드 멜루 브레이너 안드레센 Sophia de Mello Breyner Andresen

(1919-2004) 포르투에서 태어난 소피아는 20세기 가장 중요한 포르투갈 시인 중 한 명이다. 포르투갈어 문화권에서 권위있는 카몽이스 문학상을 받은 최초의 여성이기도 하다. 그녀의 작품은 고전주의와 모더니즘을 오가는 시적 세계를 담고 있다. 세상을 떠난 후 국립 판테온에 묻혔으며 리스본과 포르투에는 그녀를 기리는 기념비, 공원, 도서관 등이 있다.

아폰수 1세 Afonso I

(1109-1185) 포르투갈 왕국을 건설한 포르투갈의 첫 번째 왕이다. 아폰수 엔히크스는 무어인을 상대로 오리크 전투에서 승리를 거두었고 1147년에는 제2차 십자군의 도움을 받아 산타렝과 리스본을 정복했다. 그리고 레온 왕국과 벌인 발데베스 전투에서의 승리로 포르투갈의 독립을 확보했다. 이후 교황의 칙서로 승인을 받아 포르투갈 왕국을 세웠다. 1143년부터 42년 동안 통치하며 포르투갈 왕국의 영토를 두 배로 늘렸다. 그는 코임브라에 있는 산타 크루스 수도원에 묻혔다.

아말리아 호드리게스Amália Rodrigues

(1920-1999) 포르투갈의 파두 가수이자 배우이다. 포르투갈의 대표적인 목소리로 '파두의 여왕'이라 불린다. 포르투갈 작가들의 시를 파두로 소개하여 문화에 공헌하였다. 미국에서도 큰 인기를 얻어 빌보드 차트에 올랐고 사망하기까지 30개국에서 170개 이상의 앨범이 발매되었는데, 세계적으로 3천만 장 이상 판매된 기록이 있다. 1999년에 사망한 그녀는 국립 판테온에 묻혔다.

안테루 드 켄탈Antero de Quental

(1842-1891) 포르투갈의 시인이자 철학자이다. 당대의 철학적, 사회적 문제를 성찰하고 새로운 사상을 구현하기 위해 노력했다. 그는 코임브라 대학에 입학하여 낭만주의 사상을 거부하는 학생 그룹을 이끌었으며 낭만주의와 사실주의의 '코임브라 문학 논쟁Questão Coimbrã'을 일으켰다. 또한 안테루 드 켄탈은 포르투갈 사회당의 창립자 중 한 명이며, 1869년에는 신문 〈공화국A República〉을 창간했다. 평소 우울증에 시달리던 그는 1891년 자신의 고향 폰타 델가다의 정원에서 스스로 생을 마감했다.

안토니우 게데앙António Gedeão

(1906-1997) 본명은 호무루 바스쿠 다 가마 드 카르발류Rómulo Vasco da Gama de Carvalho로 물리화학 교사이자 과학 연구원이다. 말년에 그는 안토니우 게데앙이라는 필명으로 시를 쓰기 시작했다. 그의 시 작품과 소설, 에세이는 많은 주목을 받았고 90세에 세상을 떠나 프라제르스 묘지에 묻혔다.

안토니우 다 코스타 모타António da Costa Motta(tio)

(1862-1930) 코임브라에서 태어난 코스타 모타는 카몽이스와 바스쿠 다 가마의 석관을 담당할 정도로 포르투갈의 대표적인 조각가이다. 동명과 구분하기 위해 삼촌tio을 붙인다. 그는 역사적인 인물들의 기념비적인 동상을 고전적으로 표현했다. 또한 마리아 다 폰테 동상, 시인 시아두 동상 등 사실적이고 표현력이 뛰어난 작품을 많이 제작했다.

안토니우 드 올리베이라 살라자르António de Oliveira Salazar

(1889-1970) 1933년부터 1968년까지 36년 동안 포르투갈 총리로 재직하면서 독재정권의 체제를 구축했다. 1926년 군사 쿠데타로 들어선 정권에 살라자르는 재무장관이 되었고 곧 포르투갈 총리로 임명되었다. 그는 일당 독재체제인 '이스타두 노부'를 구축하고 억압 체제를 이어갔다. 1968년 살라자르가 의식을 잃고 쓰러지자 마르셀루 카에타누가 후임 총리가 되었다. 살라자르는 1970년 포르투갈 리스본에서 사망했고 4년 후 독재정부는 '카네이션 혁명'으로 무너졌다.

안토니우 비에이라 신부 Padre António Vieira

(1608-1697) 안토니우 비에이라는 17세기 브라질 정복 당시 원주민을 가톨릭 종교로 개종하기 위해 파견된 예수회 선교사였다. 그러나 원주민과 유대인을 옹호하며 노예제도와 종교재판에 반대해 맞서다가 추방되어 리스본으로 돌아왔다. 1666년 종교재판소의 박해로 고발당했지만 사면을 받았고 교황에 의해 무죄 판결을 받았다. 또한 뛰어난 작가, 연설가, 철학자로 그의 설교집과 서한집은 포르투갈 산문 문학에서 중요한 위치를 차지한다.

안토니우 비토리누 다 프란사 보르즈스 António Vitorino da França Borges

(1871-1915) 언론인이자 작가인 프란사 보르즈스는 포르투갈 공화당 의원을 지냈다. 그는 1890년에 신문 〈오 문두O Mundo〉를 창간했지만 언론의 자유에 탄압을 받아 망명해야 했다. 프린시프 히알 정원은 프란사 보르즈스를 기념하여 개명되었고 그의 동상이 건립되었다.

안토니우 히베이루 시아두 António Ribeiro Chiado

(1520?-1591) 에보라에서 태어난 시아두는 프란시스쿠 수도회에 서원했지만 나중에 수도생활을 포기하고 리스본으로 왔다. 시인으로 재능을 인정받았고 당시 유명한 인물들의 목소리와 몸짓을 즉흥적으로 흉내내는 배우로도 활동했다. 시아두 지역은 그의 이름을 따서 만들었다.

알메이다 가헤트 Almeida Garrett

(1799-1854) 포르투에서 태어난 가헤트는 1820년 자유혁명에 가담했다가 영국과 프랑스 등으로 망명했다. 귀국 후에는 포르투갈에 영국의 낭만주의 문학과 연극을 들여와 크게 장려했다. 그의 낭만주의 문학작품은 카몽이스 이후 가장 뛰어난 작품으로 여겨진다. 마리아 2세 국립극장과 극예술 음악원의 설립에 크게 기여했으며 시아두에는 그를 기리기 위한 가헤트 거리가 있다.

알바루 시자 비에이라 Álvaro Siza Vieira

(1933-) 포르투갈 건축가로 다수의 상을 수상하였다. 건축가 아돌프 로스의 영향을 받았으며 포르투갈 모더니즘 건축에 기여하였다. 그는 네덜란드, 독일, 벨기에, 미국 등에 이르기까지 국제적인 건축물을 많이 남겼다. 1988년 시아두에서 일어난 화재로 도시재건 계획을 진행할 때 복원 사업을 맡았고 리스본에 많은 건축물을 남겼다.

에두아르두 코엘류 Eduardo Coelho

(1835-1889) 코임브라에서 태어난 코엘류는 작가이자 저널리스트로서, 최초의 대중신문인 〈매일신문Diário de Notícias〉을 창간했다. 그는 문헌학자이자 교육자로서도 기여했다. 에사 드 케이로스와 절친한 친구였다.

에사 드 케이로스Eça de Queirós

(1845-1900) 포르투갈 사실주의 문학의 대표적 작가이자 저널리스트이며 외교관이다. 《아마루 신부의 범죄O Crime do Padre Amaro》는 포르투갈 최초이자 최고의 사실주의 문학으로 평가받았다. 포르투갈 부르주아와 교회의 부패를 가혹하게 비판한 그의 작품은 격렬한 논쟁에 휩싸였다. 대표작으로 《종형 바질리우O Primo Basílio》, 《만다링O Mandarim》, 《마이가의 사람들Os Maias》 등이 있다.

엔히크 왕자Infante Dom Henrique

(1394-1460) 주앙 1세와 필리파 왕비의 셋째 아들로 대항해 시대를 여는 선구자 역할을 했다. 해외 확장의 첫 번째 첨병인 아프리카 세우타 정복에 앞장섰다. 이후 포르투갈 남부의 알가르브Algarve의 사그르스Sagres에 조선소와 천문대를 지어 유럽 항해의 중심지로 만들었다. 삼각돛을 단 카라벨라Caravela를 만들었고 대항해 시대의 문을 열었다.

조아킹 마차두 드 카스트루Joaquim Machado de Castro

(1731-1822) 코임브라에서 태어난 조아킹 마차두는 18세기와 19세기 유럽에서 가장 영향력 있는 조각가 중 한 명이다. 대표적인 작품은 테헤이루 두 파수의 주제 1세 동상, 이스트렐라 대성당의 파사드 조각 등이다. 그는 최초로 조각에 대한 글을 썼고 리스본 대지진 이후 폼발 후작과 함께 무너진 성당과 문화재의 복원에도 참여하였다.

주앙 다스 헤그라스João das Regras

(?-1404) 주앙 다스 헤그라스는 14세기 후반 포르투갈의 법학자였다. 포르투갈의 왕위 쟁탈전에서 주앙 1세가 왕좌에 오르는 것을 지지함으로써 널리 알려졌다. 주앙 다스 헤그라스는 코임브라 궁정회의에서 왕위를 노리는 4명의 왕위 계승자들의 정당성을 모두 반박하여 결국 주앙 1세가 왕위에 오르는데 크게 기여했다.

주앙 드 데우스João de Deus

(1830-1896) 포르투갈의 저명한 서정시인이자 교육자이다. 코임브라 법대에 입학했으나 시에 뛰어난 능력을 보여 작품 활동을 시작했다. 그의 작품 세계는 친구였던 안테루 드 켄탈의 영향을 많이 받았다. 당대 문맹퇴치운동에 참여하여 《모성독본》을 제작했고, 이는 읽기 교육 방법의 혁신을 가져왔다. 1930년에 탄생 100주년을 맞아 이스트렐라 정원에 동상이 건립되었고 주변에는 주앙 드 데우스 박물관과 교육기관도 설립되었다.

주앙 1세João I

(1357-1433) 포르투갈 왕국의 열 번째 왕이자, 보르고냐 왕조에 이어 두 번째 왕조인 아비스 왕조를 열었다. 사생아로 태어나 군인이 되었으며 아비스 군단의 단주로 지냈다. 왕위쟁탈전에서 반대파에 의해 동원된 스페인 카스티요 군대를 물리치고 왕위에 올랐다.

영국과 결혼동맹을 통해 관계를 견고히 했으며 해양진출을 적극 지원함으로써 다가올 대항해 시대를 여는 토대가 되었다.

주제 다 코스타 이 실바 José da Costa e Silva

(1747-1819) 포르투갈과 브라질에서 작업한 건축가이다. 이탈리아 볼로냐에서 수학하고 1780년에 포르투갈로 돌아왔다. 리스본 대지진으로 무너진 상 카를루스 국립극장을 복원 건축하였다. 특히 아주다 왕궁 건설로 가장 큰 주목을 받았다. 말년에는 브라질에서 건축 활동을 하였다.

주제 사라마구 José de Sousa Saramago

(1922-2010) 히바테주 아지냐가의 가난한 소작농 집안에서 태어난 사라마구는 어릴 때 부모를 따라 리스본으로 이주했다. 집안 사정으로 기술학교를 다녔고 자동차 견습공, 공무원, 편집인 등을 거쳐 언론인으로 활약했다. 50세에 본격적으로 작가의 길에 들어선 사라마구는 포르투갈 문화권에서는 최초로 노벨문학상을 받았다. 《수도원 비망록》과 《눈먼 자들의 도시》 등이 가장 널리 알려져 있다. 리스본에는 〈사라마구 재단〉이 있으며 그는 재단 앞 올리브나무 아래에 묻혔다.

주제 아폰수 José Afonso

(1929-1987) 제카 아폰수로도 알려진 그는 코임브라에서 문학을 공부하고 산업학교에서 학생들을 가르치면서 앨범을 만들었다. 〈그란돌라 빌라 모레나〉는 1974년 4월 25일 카네이션 혁명 당시 라디오 방송 신호로 사용되면서 민주주의의 상징적인 노래가 되었다. 혁명 이후 세투발 시의회 의원이 되는 등 정치적인 활동을 이어갔다. 1987년 세상을 떠난 이후 추모공연이 끊이지 않고 있으며 오늘날에도 거리 시위에는 항상 〈그란돌라 빌라 모레나〉가 울려 퍼진다. 알렌테주의 그란돌라 마을에는 그의 기념비가 세워져 있다.

주제 피뉴 José Pinho

(1953-2023) 주제 피뉴는 현대 문학을 전공하고 광고 분야에서 일하기 시작했다. 1999년 바이후 알투에서 최초의 서점을 열었고 2007년에는 LX Factory에 레르 드바가르 서점을 열었다. 또한 오비두스 책 마을과 책 축제를 기획해 성공했고 리스본의 페린 서점을 인수했다. 시의회의 리스본 5L(문학 및 포르투갈어) 축제의 예술 감독을 맡았고 독립 서점 네트워크도 설립했다. 주제 피뉴는 문화공로 메달을 받은 지 얼마 후 세상을 떠났다.

질 비센트 Gil Vicente

(1465-1536) 포르투갈의 극작가이자 시인으로 카몽이스 이전 포르투갈 르네상스 문학의 대표적인 작가이다. 40편이 넘는 희곡을 창작해 포르투갈 연극의 창시자로 여겨지고 있다. 비센트는 기독교 사상과 국가를 위해 작품을 쓰기도 했지만 위계적인 사회 구조를 비판하여 종교 재판소의 억압을 받기도 했다.

카를로스 루이스 사폰Carlos Ruiz Zafón

(1964-2020) 바르셀로나에서 태어난 그는 광고계 일을 하다가 로스앤젤레스에서 시나리오를 쓰기 시작했다. 2001년 《바람의 그림자》가 출간되었고 스페인 작가로서는 가장 널리 출판된 작품이 되었다. 소설은 1,500만 부 이상이 팔렸고 수많은 상을 받았다. 그 외에도 여러 소설 작품과 영화 시나리오가 있다.

페드루 알렉산드리누 드 카르발류Pedro Alexandrino de Carvalho

(1729-1810) 18세기 포르투갈의 화가로 이탈리아 바로크와 프랑스 로코코 양식을 포르투갈에 도입한 화가였다. 페드루 알렉산드리누는 종교화를 주로 그렸고 리스본 대지진 이후에는 리스본 지역의 성당을 위해 기여했다. 포르투갈 전역의 성당에서 그의 회화 작품을 볼 수 있다. 대표적으로 마르티르스 성모 대성당의 천장화를 복원하였다.

페드루 알바르스 카브랄Pedro Álvares Cabral

(1467-1520) 포르투갈의 항해자이자 탐험가이다. 포르투갈 함대의 대장으로 1500년에 브라질을 발견했다. 바스쿠 다 가마에 이어 인도를 향해 가던 중 폭풍을 만나 브라질에 표착하였고, 이후 그곳을 포르투갈령으로 귀속시켰다. 계속 항해를 이어나가 인도에 도착했고 이듬해에 귀국했는데, 처음 원정을 시작할 때 열 세 척이었던 함대는 다섯 척으로 줄어 있었다. 하지만 이때 가져온 향신료는 포르투갈 왕실에 부를 제공했다.

페르난두 페소아Fernando António Nogueira Pessoa

(1888-1935) 포르투갈 리스본에서 태어난 시인, 문학 평론가, 철학자이며 20세기 가장 중요한 문학가로 손꼽힌다. 페소아는 포르투갈 모더니즘 작가로 시를 쓰면서 잡지를 만들고 서구 사상을 들여왔다. 자신의 이름보다 다수의 '이명작가'를 창조하여 작품활동을 했는데, 알베르투 카에이루, 알바루 드 캄푸스, 히카르두 헤이스 등이 대표적이다. 그가 사후에 남긴 원고는 전 세계에서 《불안의 책》으로 출간되었고 이명작가의 시집이 다수 출판되어 있다.

페르낭 멘드스 핀투Fernão Mendes Pinto

(1510?-1583) 핀투는 16세기 대항해 시대의 탐험가이다. 그는 항해 중에 산 프란시스코 하비에르San Francisco Javier를 만나 예수회에 가입하였고 일본에 최초로 가톨릭을 전파하는데 큰 도움을 주었다. 포르투갈로 돌아온 핀투는 알마다에 머물며 자신의 모험 이야기를 《페레그리나상Peregrinação》에 남겼다. 오늘날 알마다에는 그의 동상이 건립되어 있고 벨렝 기념탑에도 조각되어 있다.

프란시스쿠 비에이라 루지타누 Francisco Vieira Lusitano

(1699-1783) 18세기 포르투갈 궁정 화가이자 삽화가 및 조각가이다. 주제 1세 때 궁정 화가로 임명되어 왕실 초상화와 공공건물, 성당 등에서 많은 작품 활동을 했지만 리스본 대지진으로 다수의 작품이 소실되었다. 말년에는 서정시를 썼으며 왕립아카데미의 명예이사를 지냈다.

부록

리스본 역사

기원전 8~6세기경 _ 페니키아인들의 무역 기지로 도시가 세워진 것으로 추정

기원전 205년 _ 로마인들은 올리시포Olissipo라고 부르며 도시를 점령함

409년 _ 서로마제국의 멸망 후 갈리시아 지역에 세운 수에비 왕국Suebi의 지배를 받음

585년 _ 서고트 왕국Visigothic의 지배를 받음

711년 _ 이슬람 무어인들의 리스본 점령. 도시의 이름을 알-리시부나al-Lixbûnâ라고 부름

1147년 _ 포르투갈 왕국을 건국(1139)한 아폰수 1세가 십자군의 지원을 받아 도시를 탈환

1256년 _ 아폰수 3세는 포르투갈 남부지역을 완전히 탈환하여 헤콩키스타를 완수함(1249)
포르투갈 왕국의 수도를 코임브라에서 리스본으로 옮김

1375년 _ 카스티야(에스파냐)의 위협에 대응해 페르난디나 성벽 건설(페르난두 1세)

1385년 _ 누누 알바르스 페레이라가 이끄는 알주바호타 전투에서 승리(주앙 1세)

1434년 _ 엔히크 왕자의 보자도르 곶 발견으로 대항해 시대가 시작됨

1498년 _ 바스쿠 다 가마가 아프리카의 희망봉을 돌아 인도항로를 개척(마누엘 1세)

1500년 _ 페드루 알바르스 카브랄의 브라질 발견

1572년 _ 루이스 드 카몽이스의 《우스 루지아다스》 발행

1580년 _ 스페인 왕국의 포르투갈 지배(펠리페 2세)

1640년 _ 포르투갈의 독립선언 및 복원 전쟁(주앙 4세)

1668년 _ 포르투갈의 재독립

1717년 _ 마프라 궁전 수도원 건축(주앙 5세)

1755년 _ 리스본 대지진 발생, 바이샤 폼발리나 도시재건이 시작됨(주제 1세)

1764년 _ 파세이우 푸블리쿠Passeio Público 공원 개장

1807년 _ 나폴레옹의 침공으로 포르투갈 왕실이 브라질 리우 데 자네이루로 피신(마리아 1세)

1822년 _ 브라질의 독립(페드루 4세)

1833년 _ 입헌군주제의 복권(페드루 4세와 마리아 2세)

1846년 _ 호시우 광장에 마리아 2세 국립극장 건립

1874년 _ 호시우 광장에 페드루 4세 기둥 설립

1891년 _ 리스본 중앙역(호시우역) 개통

1901년 _ 리스본 최초의 트램 개통

1908년 _ 코메르시우 광장에서 카를루스 1세와 루이스 필리프 왕세자가 암살당함

1910년 _ 포르투갈 공화국 수립

1911년 _ 리스본 대학교와 에두아르두 7세 공원 건립

1932년 _ 제2공화국 '이스타두 노부' 의 시작. 안토니우 올리베이라 살라자르의 독재정권

1940년 _ 포르투갈에서 세계 박람회 개최

1959년 _ 크리스투 헤이 건립

1960년 _ 벨렝 기념탑 건립(1940년 처음 건립 후 오늘날의 모습으로 개장)

1966년 _ 살라자르 다리(후에 4.25 다리로 개명) 개통

1974년 _ 카네이션 혁명(4.25 혁명)으로 자유와 민주주의 회복

1986년 _ 포르투갈의 유럽연합(EU) 가입

1988년 _ 시아두에 대형 화재 발생

1998년 _ 리스본에서 월드 엑스포 개최

1998년 _ 포르투갈어권 최초로 주제 사라마구 노벨 문학상 수상

2007년 _ 유럽연합의 헌법적 근거인 리스본 조약 체결

▣ 참고문헌 및 출처

니콜라스 시라디, 《운명의 날》, 강경아 번역, 에코의 서재, 2009

안토니오 무뇨스 몰리나, 《리스본의 겨울》, 나송주 번역, 민음사, 2009

안토니오 타부키, 《레퀴엠》, 박상진 번역, 문학동네, 2014

얀 마텔, 《포르투갈의 높은 산》, 공경희 번역, 작가정신, 2017

존 버거, 《여기, 우리가 만나는 곳》, 강수정 번역, 열화당, 2006

주제 사라마구, 《리스본 쟁탈전》, 김승욱 번역, 해냄, 2007

주제 사라마구, 《수도원의 비망록》, 최인자 번역, 해냄, 2008

주제 사라마구, 《코끼리의 여행》, 정영목 번역, 해냄, 2016

주제 사라마구, 《바닥에서 일어서서》, 정영목 번역, 해냄, 2019

주제 사라마구, 《히카르두 헤이스가 죽은 해》, 김승욱 번역, 해냄, 2020

주제 사라마구, 《주제 사라마구, 작은 기억들》, 박정훈 번역, 해냄, 2020

카를로스 루이스 사폰, 《바람의 그림자》, 정동섭 번역, 문학과지성사, 2005

파스칼 메르시어, 《리스본행 야간열차》, 전은경 번역, 들녘, 2014

페르난두 페소아, 《불안의 책》, 오진영 번역, 문학동네, 2015

페르난두 페소아, 《페소아의 리스본》, 박소현 번역, 안그라픽스, 2017

페르난두 페소아, 《시는 내가 홀로 있는 방식》, 김한민 번역, 민음사, 2018

페르낭 멘드스 핀투, 《핀투 여행기-상》, 이명 번역, 노마드북스, 2005

헤르만 헤세, 《헤세의 여행》, 홍성광 번역, 연암서가, 2014

게오르크 데히오, 《복원이 아닌 보존Konservieren, nicht restaurieren》, Birkhauser, 1988

러셀 우드, 《포르투갈 귀족과 박애주의자Fidalgos and Philanthropists》, University of California Press, 1968

마리우 코스타, 《그림처럼 아름답고 우아한 시아두O Chiado Pitoresco e Elegante》, Municipio de Lisboa., 1965

안토니우 게데앙, 《Máquina de fogo》, Coimbra Atlântida, 1961

레르 드바가르 서점 https://lerdevagar.com/

리스본 시립 아카이브 https://arquivomunicipal.lisboa.pt/

산타 이자벨을 위한 하늘 http://ceusantaisabel.blogspot.com/

주제 사라마구 재단 https://www.josesaramago.org/

페르난두 페소아 문학의 집 https://www.casafernandopessoa.pt/

페르난두 페소아 아카이브 http://arquivopessoa.net/

포르투갈 국립디지털도서관 https://bndigital.bnportugal.gov.pt/

◈ 이미지 출처

27 ⓒ Camara Municipal de Lisboa ┃ 39 ⓒ Acscosta ┃ 67 ⓒ Newebcreations ┃ 76 ⓒ Diário de Notícias ┃ 103 ⓒ CNC(Centro Nacional de Cultura) ┃ 130 ⓒ Município de Lisboa ┃ 148 ⓒ Viúva Lamego ┃ 154 ⓒ BMPB(Biblioteca Municipal de Ponte da Barca) ┃ 162 ⓒ Simon Burchell ┃ 201 ⓒ Obidos Municipio ┃ 202 ⓒ Obidos TV ┃ 208 ⓒ Manuelvbotelho

유럽의 도시 기행 **❷**

리스보아 안티가
- 오늘, 옛 리스본을 만나다

발행일   2024년 3월 16일
지은이   소노스(SONOS)

펴낸곳   레겐보겐북스
펴낸이   강석윤
출판등록   제651-2022-000010호
주소   제주시 구남로 2길 27-1 (이도이동) 201호
이메일   pebbles1@naver.com
블로그   https://blog.naver.com/regenbogenbooks

ISBN   979-11-978110-3-6 03920